これなら説得できる！

英語プレゼンテーションの技術

倉島保美　著

日本経済新聞社

はじめに

英語プレゼンの秘訣

　英語がうまく話せなくても、上手に英語でプレゼンテーションするのは可能です。本書は、そのためのポイントを説明しています。本書を読めば、TOEICの点数が現状のままでも、自信を持って英語のプレゼンテーションに臨めます。

　多くの人にとって、英語がうまく話せないことが、英語のプレゼンテーションの障壁になっていました。話せないから自信がない、自信がないから聴衆と目を合わせられないし、声も小さくなる。準備は英文作成にのみ時間を取られる。その結果、わかりにくいプレゼンテーションになるわけです。

　「英語が話せないと英語のプレゼンテーションは無理」という誤った固定観念を取り払うことが、英語のプレゼンテーション成功の秘訣です。大事なのは、わかりやすく論理的な内容構成であり、ポイントが伝わるスライド技術なのです。英語表現は、その後です。しっかりした内容構成でポイントを強調できるスライドを使えば、英語がたどたどしくても、何の問題もありません。聴衆は真剣に聞き入ってくれます。

本書を読んでほしい人

　本書は、英語は得意ではないが、英語でプレゼンテーションしなければならない人を対象としています。ビジネスや学業で忙しく、英語力強化に多くの時間が割けないようなビジネスパーソン、研究者、学生などです。また、英語は得意だが、プレゼンテーションは苦手という人にも役に立つでしょう。

前提となるプレゼンテーション

　本書は、Microsoft社のPowerPointを使ったプレゼンテーションを前提としています。そこで、「8. プレゼンの基本フォーム」で示したプレゼンテーションの見本でも、PowerPointのスライドを使ったプレゼンテーションにしています。さらに、スライドの見本として、各項目のポイントはPowerPointのスライドで示しました。

本書の構成

　本書では、プレゼンテーションで大事な3つの技術を中心に構成しています。内容構成技術、スライド作成技術、デリバリー技術です。

　内容構成技術は、聴衆を説得するために最も重要です。特に、欧米では日本以上に、論理が重んじられるので重要性が高まります。本書では、論点を明確にし、しかもその論点を論理的につなげていくポイントを説明しています。

　スライド作成技術は、内容を理解してもらう上で重要です。話す英語がたどたどしく、わかりにくかったとしても、スライドがしっかりしていればポイントは伝わります。本書では、美しく凝ったスライドではなく、言いたいことを強調できるスライドを、どうやって作っていくかを説明しています。

　デリバリー技術、つまり話し振りは、プレゼンテーションの印象をよくし、プレゼンターへの信頼感を生むという意味において重要です。特に、欧米では目を合わせながら、大きな声で、堂々と話す人に好意を抱きます。本書では、好印象や信頼感を生む話し方のポイントを説明しています。

　さらに本書は、英語表現についても、2つのアプローチで説明しています。理解度を高めるための英語表現と、覚えておくべき定型の英語表現です。

　理解度を高めるための英語表現とは、伝達効率を高める英語表現です。文法的に正しいことがすべてではありません。まして、ネイティブばりの流暢な英語が、プレゼンテーションを成功に導くわけでもありません。たどたどしくても、言いたいことが効率よく伝わる表現技法が必要なのです。本書では、正しい英文法でも、こなれた言い回しでもない、伝達効率を高めてくれる表現技法を説明しています。

　覚えておくべき定型の英語表現とは、オープニングやクロージングなどによく使う表現のことです。どんな内容のプレゼンテーションであっても、オープニングやクロージング、あるいは質問の受け方などは同じです。共通で使えるなら、覚えておくのが効果的です。本書では、よく使われる典型的な表現を集めています。

　最後に本書は、4種類のプレゼンテーションの見本を掲載しています。いずれも、スライドとスピーチ原稿の両方を掲載しています。さらに、それまでに学習したポイントをどう活用しているかの解説も付けました。

謝辞

　本書を執筆するにあたっては、多くの方のご協力をいただきました。「理解度を高める英語技法」は、早稲田大学篠田義明名誉教授より指導を受けたポイントをもとにしています。「プレゼンの基本フォーム」の作成にあたっては、株式会社東京外国語センターのお力を借りました。また、全体を通して日本経済新聞社の堀江憲一氏から有益な助言をいただきました。あらためて感謝の意を捧げます。

　2006年6月

倉島　保美

CONTENTS

これなら説得できる！英語プレゼンテーションの技術

目　次

1 成功するプレゼンへの道　15

1 プレゼンの重要性 …………………………………… 16
　　　伝達できなければ評価されない
　　　伝達効率が重要
　　　伝達効率を高める手法は一生使える
　　　プレゼン技術の向上に訓練は不可欠

2 責任は発信者にあり ………………………………… 19
　　　怒ってはいけない
　　　困るのは発信者
　　　すべては発信者の責任
　　　日本は、責任を受信者に押し付けがち

3 日本人と欧米人の意識の差 ………………………… 22
　　　日本人にとってプレゼンはおまけ
　　　欧米人にとってプレゼンは説得の場
　　　日本人は聴衆全員に訴える
　　　欧米人はキーパーソンに訴える

4 日本人によく見られる弱点 ………………………… 26
　　　ポイントが強調できない
　　　パートごとにはわかるが全体がわからない
　　　内容を詰め込みすぎ
　　　各パートのつながりがわからない
　　　話し方がお粗末

5 プレゼンの3技術 …………………………………… 29
　　　内容構成技術
　　　スライド作成技術
　　　デリバリー技術

6 プレゼンの英語表現 ………………………………… 32
　　　定型表現だけでプレゼンはできない
　　　こなれた英語表現がプレゼンを成功させるわけではない
　　　伝達効率の高い英語がプレゼンを成功させる

2 プレゼンの準備（6W2H）　35

1 キーパーソンを把握する（Who） ………………… 36
　　　キーパーソンを説得する
　　　知識レベルを合わせる

　　　　　キーパーソンが来てから始める
　　　　　途中で退席することも考慮する

2　目的を明確にする（Why） ……………………………… 38
　　　　　2種類のWhyがある
　　　　　プレゼンターのゴール（Why）を確認する
　　　　　聴衆のベネフィット（Why）を意識する
　　　　　聴衆の問題点を確認する
　　　　　Youを強調する

3　キーセンテンスを作る（What） ……………………… 41
　　　　　"What's your point?" の答えを作る
　　　　　キーセンテンスは首尾一貫して中心に置く

4　場を確認する（Where） ……………………………… 43
　　　　　プレゼンする場所を確認する
　　　　　セッティングを確認する

5　残りの2W2Hも確認する ……………………………… 46
　　　　　プレゼンの時間を確認する（When）
　　　　　選択肢を提示する（Which）
　　　　　どうやって進めるかを示す（How）
　　　　　コストがいくらかを示す（How much）

3　内容構成技術　　49

1　最初にポイントと全体像を示す ……………………… 50
　　　　　序論─本論─結論で構成する
　　　　　序論を「まくら」にしない
　　　　　序論でポイントを述べる
　　　　　序論で全体構成を示す
　　　　　先がわかれば理解しやすい
　　　　　最初と最後は強調ポジション
　　　　　最後まで聞いてくれる保証はない
　　　　　大事なポイントは端的にまとめる
　　　　　長いプレゼンでは章ごとに3段構成を取る

2　要点から話す …………………………………………… 54
　　　　　スライドも序論─本論─結論で構成する
　　　　　いきなりデータの説明をしない

3　情報を絞る ……………………………………………… 57
　　　　　情報過多はポイントがボケる
　　　　　情報を付加して時間内に収める

　　　　　　3を基調に考える

4　正しく並列する ……………………………… 60
　　　　　　同じ種類で統一する
　　　　　　同じレベルで統一する
　　　　　　同じ形で統一する
　　　　　　情報を適切な順に並べる

5　スライドを明確に接続する ……………… 63
　　　　　　情報を論理的に接続する
　　　　　　情報の対応に注意する
　　　　　　目次だけで論理が追えるように論理構築する
　　　　　　スライドの見出しだけで論理が追えるように論理構築する

4　スライド作成技術　　　67

1　現在位置を示す …………………………… 68
　　　　　　聴衆を迷子にしない
　　　　　　目次を使って現在位置を示す
　　　　　　イラストを使って現在位置を示す
　　　　　　現在位置を示す図の例

2　情報を選択する …………………………… 72
　　　　　　キーワードで書く
　　　　　　1スライドは1トピックに絞る
　　　　　　不要なことは書かない

3　できるだけ図解する ……………………… 74
　　　　　　箇条書きは図にする
　　　　　　文章は図解する
　　　　　　数値はグラフ化する

4　グラフを見やすく作る …………………… 78
　　　　　　グラフで示したいことは言葉でも示す
　　　　　　凡例はできるだけ使わない
　　　　　　「そのほか」でまとめる

5　表を見やすく作る ………………………… 81
　　　　　　大事な部分を強調する
　　　　　　罫線の使用は最小限に留める
　　　　　　チャート化して視覚効果を高める

6　適切な色合いを使う ……………………… 84
　　　　　　パソコンとプロジェクタの色の違いに注意する

　　　　　スライドの背景の明暗を使い分ける
　　　　　同系色でまとめる
　　　　　同じ明るさの異なる色で塗り分ける
　　　　　色の与える印象を考慮する
　　　　　ハンドアウトの色にも配慮する

7 アニメーションを使う ……………………………… 89
　　　　　アニメーションの効果で理解を促す
　　　　　アニメーションを使いこなす
　　　　　箇条書きを1つずつ表示する
　　　　　話にあわせて焦点を移動する
　　　　　概要から詳細へと表示する
　　　　　図を説明順に表示する
　　　　　アニメーションの方向と説明の方向を合わせる
　　　　　アニメーションのデメリットにも配慮する
　　　　　箇条書きを上下で均等割り付けする
　　　　　バージョンによる互換性に注意する

5　デリバリー技術　　　　　　　　　97

1 原稿を読まない ……………………………………… 98
　　　　　原稿は作るが、読まない
　　　　　棒読みの英語は聞き取れない
　　　　　原稿を読むと訴求力が落ちる
　　　　　原稿を読むくらいなら、配ってしまう

2 アイコンタクトを取る ……………………………… 100
　　　　　目を合わすことで信頼を得る
　　　　　1人5秒を目安とする
　　　　　スクリーンを見てはいけない
　　　　　目を見づらいときは口元を見る
　　　　　偏りなく見る

3 聴衆を惹きつける発声をする ……………………… 104
　　　　　大きな声で話す
　　　　　はっきりと話す
　　　　　抑揚をつけて話す
　　　　　非言語なしで話す
　　　　　熱意を持って話す

4 ボディランゲージを使う …………………………… 108
　　　　　ボディランゲージは聴衆の理解を助ける
　　　　　してはならないしぐさを知る
　　　　　自然な姿勢でまっすぐ立つ

意識してボディランゲージを使う

5 **ポインターを効果的に使う** ……………………… 111
指示棒のよいところ、悪いところを知る
レーザーポインターのよいところ、悪いところを知る
Show-See-Speakで指示する
使いすぎに注意する
マウスカーソルで指し示さない

6 **ナンバリング＆ラベリングを使う** ……………… 114
ナンバリングする
ラベリングする

7 **よい雰囲気を作る** ………………………………… 116
聴衆を味方につける
Look-Smile-Talkで話し始める
ジョークから入る
質問する

6 理解度を高める英語技法　　119

1 キーワードを主語にする ……………………… 120
主語は強調される
キーワードを主語にして印象付ける
youをキーワードとして使う

2 情報の流れを意識する ………………………… 124
古い情報を前、新しい情報をあとにする
能動態か、受動態かは意識しない

3 パラレリズムを守る …………………………… 128
パラレリズムを知る
パラレリズムの例
文章レベルのパラレリズムは表をイメージする

4 文と文を明確に接続する ……………………… 131
文と文を安易にandで接続しない
主文と従属語句に分けて、前置詞などで接続する
主節と従属節に分けて、接続詞で接続する
2文に分けて、副詞で接続する

5 肯定で表現する ………………………………… 135
肯定文は否定文よりプラスイメージ

　　　　　肯定文は否定文よりわかりやすく明確
　　　　　肯定文は否定文より働きかけが強い
6 **印象のよい表現を使う** ……………………………… 138
　　　　　プラスイメージの単語を使う
　　　　　自分中心ではなく、聴衆中心に述べる
　　　　　悪いことではなく、よいことを強調する
　　　　　何ができないかではなく、何ができるかを述べる
7 **スライドの英語は短く表現する** ………………………… 141
　　　　　類語の繰り返しは避ける
　　　　　不要な関係代名詞を削除する
　　　　　回りくどい表現や大げさな表現は避ける
　　　　　回りくどい節を句にする
　　　　　動詞形のある名詞は動詞で使う

7 覚えておきたい定型の英語表現　　147

1　Opening ……………………………………………… 148
　　　　　挨拶をする
　　　　　謝辞を述べる
　　　　　自己紹介する

2　Introduction ………………………………………… 150
　　　　　主題を述べる
　　　　　アウトラインを説明する
　　　　　質問のタイミングを知らせる
　　　　　ベネフィットを強調する
　　　　　本題へ入る

3　Explanation ………………………………………… 154
　　　　　説明を始める
　　　　　考えを述べる
　　　　　根拠を示す
　　　　　強調する
　　　　　図表を使って説明する
　　　　　例を挙げる
　　　　　引用する
　　　　　スタッフへ指示する

4　Discussion …………………………………………… 159
　　　　　プレゼンターに意見を述べる
　　　　　同意する
　　　　　反対する

5　Transition ……………………………………………… 163
　　　順番を示す
　　　対比する
　　　ほかを参照する
　　　注意を引く
　　　話を移す
　　　話をまとめる
　　　言い換える

6　Conclusion ……………………………………………… 167
　　　まとめる
　　　確認する

7　Closing ……………………………………………… 169
　　　しめくくる
　　　謝辞を述べる
　　　フォローアップする

8　Q & A ……………………………………………… 171
　　　質問を促す
　　　質問を聞き返す
　　　質問を確認する
　　　質問に答える
　　　答えを避ける
　　　答えを確認する
　　　Q&Aを終える

8　プレゼンの基本フォーム　177

1　製品説明 ……………………………………………… 178
2　売り上げ報告 ………………………………………… 190
3　ソリューション提案 ………………………………… 204
4　学会発表 ……………………………………………… 218

コラム

- リハーサルは重要 …………………………25
- アカデミックプレゼン対ビジネスプレゼン …31
- 発音にだまされるな ………………………34
- 時間を守る …………………………………48
- 見せないのも工夫のひとつ ………………77
- 図表はリンク貼り付けが便利 ……………80
- PowerPointスライドショーのTips…………96
- 誤って広まったメラビアンの法則 ……103
- あがりを防ぐ ………………………………107
- ちょっといいレーザーポインター ……113
- 立つ位置に気を配る………………………118
- 見出しの付け方……………………………123
- 欧米人はYes / Noをはっきり言う？ …161
- anotherか、the otherか？ ………………162
- 質問を受ける基本 ………………………176
- OHPを使ったプレゼン …………………228

装幀	ディービー・ワークス
DTP・編集協力	リリーフ・システムズ
本文イラスト	中川原　透

1

成功するプレゼンへの道

プレゼンテーション能力は、ビジネスパーソンには必須です。なぜなら、どんなに立派な成果でも、伝達できなければ、正しい評価は受けられないからです。特に、欧米人とのビジネスではその重要性が高くなります。したがって、英語のプレゼンテーションでは、しっかりとした準備と訓練が必要です。効果的にプレゼンテーションをするには、内容構成技術と、スライド作成技術、デリバリー技術の3つの技術が重要です。また、英語表現では、こなれた表現より、伝達効率を高めるような表現が重要です。

1 プレゼンの重要性
2 責任は発信者にあり
3 日本人と欧米人の意識の差
4 日本人によく見られる弱点
5 プレゼンの3技術
6 プレゼンの英語表現

1 成功するプレゼンへの道	2 プレゼンの準備（6W2H）	3 内容構成技術	4 スライド作成技術
5 デリバリー技術	6 理解度を高める英語技法	7 覚えておきたい定型の英語表現	8 プレゼンの基本フォーム

1 プレゼンの重要性

> **Road to Successful Presentation**
>
> ## Importance of Presentation
>
> - You will lose your business unless you can communicate the advantages of your services or products.
> - Your evaluation will be low unless you can communicate your output effectively.
>
> Evaluation = Value × Communication Efficiency

伝達できなければ評価されない

　プレゼンテーション能力は、ビジネスを成功に導くために必須の能力です。提供する商品やサービスが、いくらライバル会社に質の点で勝っていても、それを伝達できなければ、競争には勝てません。あるいは、どんなに立派な業績を上げても、それを伝達できなければ、正しい評価は受けられません。

　一般に、評価はその内容で決まります。つまり、商品やサービスにお金を払うかどうかは、その商品やサービスの質で決まります。あるいは、会社における業績評価は、その人の仕事におけるアウトプットで決まります。

　しかし、ここでいう内容とは、伝達（＝プレゼンテーション）した内容ではありません。評価者が理解した内容です。伝達したから評価されると思ってはいけません。

伝達効率が重要

伝達した内容は、その一部だけが相手に伝わります。すべてが伝わるわけではありません。つまり、伝達した内容と、「伝達効率」という一定の比率との掛け算で伝わるのです。

$$評価 = 伝達内容 \times 伝達効率$$

この伝達効率が低ければ、正しく評価されなくなります（下図参照）。

	真の評点	伝達効率	評価者の評点
A社	80点	60%	48点
B社	70点	70%	49点

（本当はA社が勝っている／A社は伝達効率が低い／顧客にはB社が勝っているように聞こえる）

本当はA社が勝っているにもかかわらず、A社の伝達効率が低いために、顧客からはB社のほうが、質が高いと見えます。その結果、商談をB社に取られてしまいます。その分野の専門家であれば、B社よりもA社が勝っているということがわかるでしょうが、顧客にはその理屈は通じません。

伝達効率を高める手法は一生使える

内容を高めるのは非常に大変です。競争の激しい現在、他者に勝る内容を提供することは並大抵ではありません。多くの人材、よい設備、多くの費用、長い期間が必要でしょう。しかも、今年勝っていても来年勝っているという保証はまったくありません。少しでも立ち止まれば、あっという間に抜かれてしまう世の中です。

一方、伝達効率を高める手法を習得することは、内容を高めることに比べればずっと楽です。1日、2日で身につけることはできませんが、少し練習を積めば習得できます。わずかな費用とわずかな期間で身につくのです。
　しかも、身につけた手法は、一生そのまま使えます。内容を高めるためには毎年絶え間ない努力が必要ですが、伝達効率を高めるためには初期投資だけでよいのです。あとは、錆びつかないように時々手入れをするだけです。

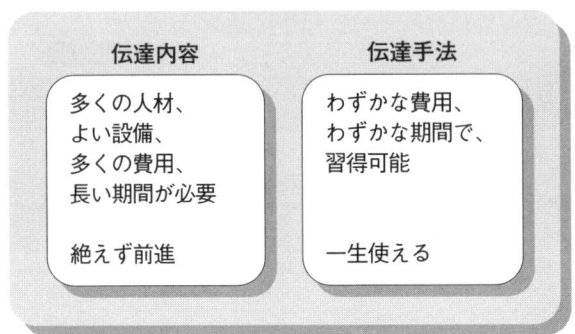

プレゼン技術の向上に訓練は不可欠

　にもかかわらず、多くの日本人はプレゼンテーションの勉強をしていません。経験を積めばうまくなると思っているようです。しかし、経験を積んで身につくのは度胸だけです。伝達効率を高めるためには、それなりの手法を学ばなければなりません。知らないことは、いくら経験を積んでもできるようにはなりません。
　一方、欧米人は、この伝達効率を高める訓練を子どものころから積んでいます。小学生のころには、誕生日パーティに集まってくれたお友達に感謝の意を伝えなければなりません。大学に進学すれば、プレゼンテーション講座はごく普通に正規科目として存在します。
　このような教育を受けてきた欧米人を向こうに回して、何のスキルも身につけずにプレゼンテーションに向かうのは無謀です。プレゼンテーションの考え方、説得の技法、構成のしかたが、日本でのプレゼンテーションとは違うのです。日本語を英語に訳しただけでプレゼンテーションに臨むとしたら、大砲に竹やりで挑むようなものです。成功は望むべくもありません。

2 責任は発信者にあり

Road to Successful Presentation

Presenters Should Take Responsibility for their Communication

- Miscommunication bothers presenters, not the audience.
- Presenters should take responsibility for their communication.
- Japanese tend to place the responsibility on the audience.

怒ってはいけない

　プレゼンテーションの最中、聴衆がまともに聞いてくれないときがあります。聴衆が、次のような態度を示すときです。

- 眠ってしまう
- 隣と何やら話をしている
- 別の仕事（俗にいう内職）をしている
- ハンドアウトの別の箇所（説明している箇所とは違う箇所）を読んでいる
- 説明したことを質問してくる

　だからといって怒ってはいけません。「（声高に）聞いてください！」、「そのことはすでに説明しました」などと言っても、人間関係や信頼関係を傷つ

けるだけで、何の解決にもなりません。

困るのは発信者

　コミュニケーションできなくて困るのは、いつも発信者です。プレゼンテーションで伝えたいことが伝わらなければ、商品やサービスは売れません。その結果、ビジネスは行き詰まります。また、自分の業績を正しく評価してもらえません。その結果、不当な待遇で我慢しなければならないかもしれません。

　一方、コミュニケーションできなくても、受信者は発信者ほどには困りません。ベストな選択はできないかもしれませんが、ビジネスが行き詰まることはありません。また、業績を正しく評価できなくても、直接的な被害はありません。

すべては発信者の責任

　困るのは発信者なのですから、発信者がコミュニケーションの責任を負わなければなりません。聴衆がプレゼンテーションを聞かないのも、聴衆が話の内容を理解できないのも、すべて発信者に責任があると考えるべきです。聴衆や読み手に責任を負わせてはいけません。

　プレゼンテーションで聴衆が話を聞かないとしたら、プレゼンターが、聴衆にとって興味深い話をできなかったのが原因です。内容の構成を再検討すべきでしょう。あるいは、スライドの見せ方を工夫したり、話し方を改善したりする必要もあるかもしれません。

プレゼンターの責任

- 居眠り
- 資料ばかり見ている
- 内職
- 説明したことを質問
- 無駄話

すでに説明したことを質問された場合も同様です。質問者に対して「私の話を聞いていない」と責める前に、「なぜ、聞いてくれないのか？」、「なぜ、伝わっていないのか？」を考えるべきです。

日本は、責任を受信者に押し付けがち

しかし、日本ではコミュニケーションができない責任を受信者に求めがちです。「自分は発信したのだから、しっかり聞いて、正しく理解しろ」という姿勢の人が少なくありません。また、受信者も、「話が理解できないのは、自分の知識がないからだ」、「私は頭の回転が悪いから」と恐縮してしまいます。

この勘違いは、日本の教育に問題があります。学校教育では受信者に責任を取らせることが圧倒的に多いのです。たとえば、「文中の『その』とは何を指すか？」のような問題です。正しく受信しないと減点されます。まさに、受信者に責任を負わせている教育です。

発想の転換が必要です。文中の「その」が何だかわからないような話をする人が悪いのです。受信者が恐縮する必要はまったくありません。

3 日本人と欧米人の意識の差

Road to Successful Presentation

Difference in Presentation between Japanese Style and Western Style

- Persuade through the presentation.
  - Do not try to persuade through only the documents.

- Persuade the key person.
  - Do not try to persuade the entire audience.

日本人にとってプレゼンはおまけ

　一般に日本人は、プレゼンテーションをさほど大事なものと思っていません。「内容がすべてだから発表はどうでもよい」という意識です。そのため、プレゼンターの話を右から左に聞き流しておいて、ハンドアウトだけで討議することがよくあります。プレゼンテーションは、ハンドアウトの添え物的な存在です。あるいは、根回しによって実質的に討議の必要がなく、プレゼンテーションが形式的な場合も少なくありません。

　プレゼンテーションに費やすエネルギーもわずかです。普段のプレゼンテーションではリハーサルすらしません。学会発表のような重要なプレゼンテーションでも、リハーサルは1、2回で終わりです。普段のプレゼンテーションなら、スライドすら作らず、報告書のコピーをスクリーンに映してお茶を濁すことも珍しくはありません。

たとえば、学会発表のような重要なプレゼンテーションのリハーサルですら、原稿を読みながらやります。本番で原稿を読むのは論外です（「原稿を読まない」98ページ参照）が、リハーサルでも原稿を読んではいけません。原稿を読んでリハーサルしたら、本番で原稿を読まずにスピーチできるはずがありません。原稿を読まずにスピーチできるようになってからリハーサルすべきです。そこまで時間をかけて準備しなければなりません。

欧米人にとってプレゼンは説得の場

一方、欧米人にとってプレゼンテーションは、まさに説得する場です。説得しようと意気込んでやってきます。自分が評価されるもされないも、この場で決まるという意識を持っています。内容の充実はもちろん、いかに伝達効率を高めるかに苦心しているのです。

したがって、プレゼンテーションに費やすエネルギーも、日本人とは比べものになりません。学会発表の前日に、宿泊先のホテルの部屋から、プレゼンテーションのリハーサルをする声が漏れてくるというのは、よくある話です。スライドやハンドアウトの作成にも膨大な時間を費やします。日本人にすれば、「どうしてそこまで凝るのか？」と思うスライドも珍しくありません。

これでは勝負ははじめから見えています。外国語でプレゼンテーションしようという側が、母国語でプレゼンテーションしようという側より準備をしないのですから。英語でプレゼンテーションしようとするなら、欧米人が費やす以上のエネルギーで、準備する必要があります。

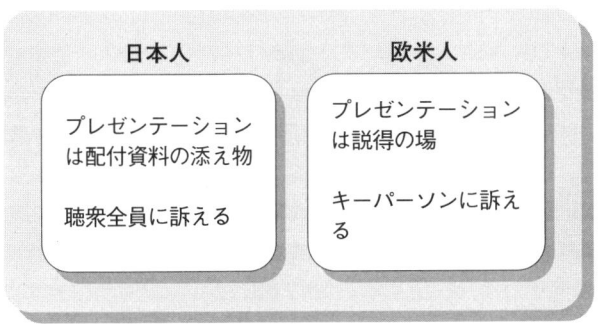

プレゼンテーション

日本人	欧米人
プレゼンテーションは配付資料の添え物	プレゼンテーションは説得の場
聴衆全員に訴える	キーパーソンに訴える

日本人は聴衆全員に訴える

　日本人は、聴衆全員に向かって話します。たとえ、部門長と担当者が同席していても、基本的には区別することなく話します。出席者全員に納得してもらおうという姿勢です。

　これは、日本がボトムアップの社会であるためでしょう。日本では、担当者の納得なしに意思決定するのを避ける傾向にあります。実際の作業は担当者がするのですから、担当者が納得しないものを導入しても、会社がうまく回らないという考えです。

欧米人はキーパーソンに訴える

　一方、欧米人はキーパーソンに向かって話します。プレゼンテーション前に、だれがキーパーソンかを確認したり、プレゼンターがキーパーソンしか見ていなかったりすることは珍しくありません。キーパーソンさえ説得できれば、ほかの出席者は話を聞いていなくてもよいという姿勢です。

　これは、欧米がトップダウンの社会であるためでしょう。意思決定権を持つ人を説得しよう（「キーパーソンを把握する（Who）」36ページ参照）とします。意思決定権のない担当者を説得しても無駄という考え方です。

キーパソンに訴える

コラム
リハーサルは重要

　プレゼンテーションをする際には、入念なリハーサルが必須です。特に国際学会のような大事なプレゼンテーションの前には、何度も繰り返してリハーサルすべきです。

　リハーサルをしておけば、説明がわかりやすくなります。繰り返し話していると、最適な表現が見つかるからです。また、リハーサルによって余裕を持って話せるようになれば、英語の発音にも気を配れるので、発音的にもわかりやすくなります。ぶっつけ本番では、しどろもどろの説明になりがちです。

　リハーサルをしておけば、プレゼンテーションが時間どおりに終わります。リハーサルより本番のほうがやや長くかかる傾向があることも考慮しておくと、さらに効果的です。ぶっつけ本番では、最悪、大事なことが伝えられないうちに、時間切れになってしまいます。

　リハーサルをしておけば、あがりや絶句も防止できます。経験が自信につながるのです。自信があればあがりにくくなります。

　リハーサルをしておけば、スライドのミスも防止できます。リハーサルで何度もスライドを見るので、見逃していた誤字や文法ミスにも気がつきます。初歩的な誤字や文法ミスは、「手を抜いたプレゼンテーション」という印象を与えかねません。

　日本人は、欧米人に比べるとリハーサルしない傾向にあります。学会発表や大事なセールスなど、重要なプレゼンテーションの前には、必ずリハーサルするよう心がけましょう。特に、前の晩と当日の朝にリハーサルすると効果的です。

1　成功するプレゼンへの道

4 日本人によく見られる弱点

> **Road to Successful Presentation**
>
> ## Common Weak Points in Japanese Presenters
>
> - No emphasis on key points
> - Understandable in parts, ill-organized on the whole
> - Too much information on a slide
> - Weak connections between topics
> - Poor delivery

ポイントが強調できない

　日本人のプレゼンテーションは、結局、何が言いたいのかわかりません。詳細の説明に終始し、肝心のポイントを強調できないのです。仮に、Q&Aなどを通じて言いたいポイントが理解できたとしても、強調されていないので印象に残りません。

　この原因は、日本人が、ポイントをどこで、どうまとめるべきかを知らないことにあります。たとえば、プレゼンテーションのイントロダクションは、本来、ポイントを強調すべきパートです（「序論―本論―結論で構成する」50ページ参照）。にもかかわらず、ほとんどの日本人は、イントロダクションで結論を述べません。

パートごとにはわかるが全体がわからない

　日本人のプレゼンテーションは、スライドごとには理解できますが、全体像がわかりません。プレゼンターが話をしているスライドが、全体の中のどこで、どういう意味を持つのかがわからないことが珍しくありません。まさに「木を見て森を見ず」、木だけ見えて森が見えないのです。

　この原因は、日本人が、聴衆に全体像を示さないことにあります。ほとんどの人は、全体像は目次で示したから十分と思っています。しかし、冒頭で示した目次を頭の中に保持し続けられる聴衆はいません。結局、全体像がわからない（正確には忘れてしまった）状態で詳細を聞くことになります。

内容を詰め込みすぎ

　日本人のプレゼンテーションは、1枚のスライドで多くの情報を発信しすぎています。最前列の聴衆しか読めそうもない文字でスライドを作成したり、認識不可能なほど小さな図、込み入った表を示したりします。その結果、スライドが見えないので、聴衆はプレゼンターを見ず、話も聞かず、ハンドアウトを読むことに集中してしまいます。

　この原因は、日本人が、プレゼンテーション用の情報の取捨選択を知らないことにあります。「少しぐらい小さくてもわかるだろう」と考えているのです。あるいは、伝達効率という意識を持たないため、情報はあればあるほどよいと考えているのです。

　また、日本人がスライド作成にエネルギーを費やさないことも原因です。報告書や論文の一部を、そのまま貼り付けてスライドにしてしまっているのをよく見ます。わざわざプレゼンテーション用の図や文を起こすことにエネルギーを使いたがらないのです。リハーサルで聴衆の席に座り、スライドの見やすさを確認することもありません。

各パートのつながりがわからない

　日本人のプレゼンテーションは、スライドとスライドの関係がよくわかりません。スライド間の論理的なつながりが弱いのです。あたかも、スライドをめくるたびに "By the way," と言っているかのような感じがします。

　この原因は、日本人が論理構築にエネルギーを費やさないことにあります。

多くの人が、手元の情報を思いつくままにつなぎ合わせただけで、プレゼンテーションにしてしまいます。さらに、スライド内の説明ばかりにエネルギーを費やしてしまいます。その結果、全体の論理構築ができていなくても気がつかないのです。

話し方がお粗末

　日本人のプレゼンテーションは、聴衆を信頼させられません。聴衆の信頼は、プレゼンテーションの内容そのものより、むしろ、見た目や声によって形成されます。目を見ずに話したり、猫背だったり、小さな声でボソボソ話したりしているようでは、プレゼンターは聴衆の信頼を得られません。プレゼンターが信頼されなければ、内容も信用されなくなります。結局、聴衆を説得できなくなります。

　この原因は、日本人が、話し方のトレーニングを受けていないことにあります。よい印象を与える話し方は、訓練や経験を積んで、はじめてできるようになるのです。本を読めばできるようになるというものではありません。普段めったにプレゼンテーションの機会を持たない人が、いきなり聴衆の前に出て効果的に話せるはずはありません。

　また、多くの人が、内容さえよければわかってもらえると思っていることも原因です。聴衆の信頼を得られなければ、聴衆を味方にできません。聴衆がプレゼンターに好意を持っていなければ、内容を正しく評価してもらえるはずはありません。

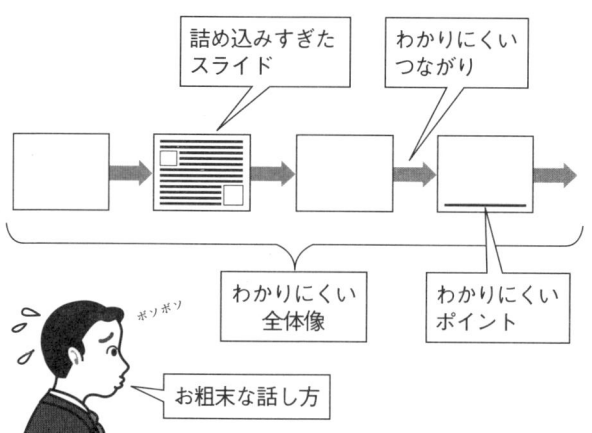

5 プレゼンの3技術

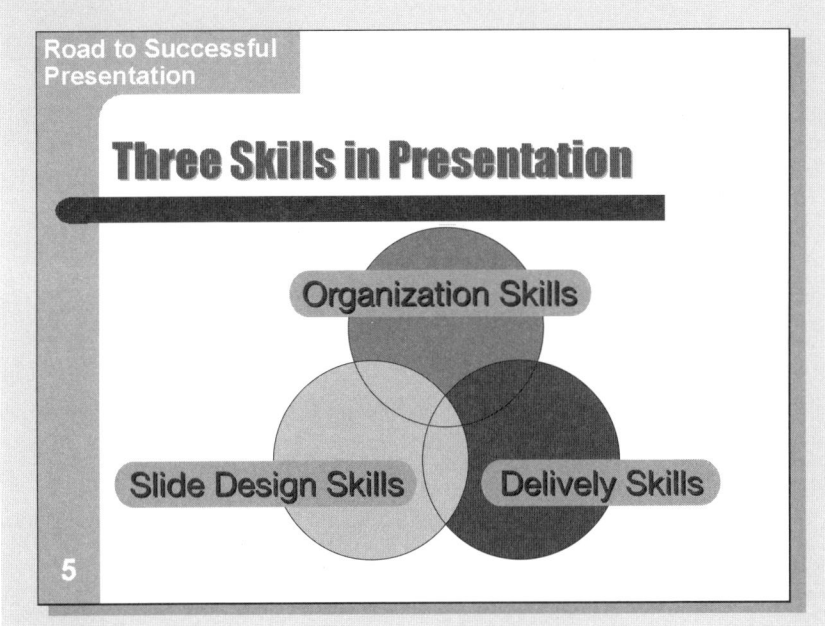

内容構成技術

プレゼンテーションで最も大事なのは、内容構成です。人は内容によってのみ説得されるのです。堂々とした話し振りで説得されるわけではありません。話し方が上手だから商品を買おうと思う人はいません。論理が重んじられる欧米では、なおのこと内容構成が重要になります。

内容を構成する上で特に気をつけることは、論点が明確で、しかもその論点が論理的につながっていることです。

論点とは、プレゼンテーションの各パートでのポイントです。たとえば、現状の問題点や、説明対象と従来のものとの差です。この論点は、述べていればよいというものではなく、明確でなければなりません。説明の中に埋もれてしまうようだとプレゼンテーションの論理性が失われます。

「論理的につながっている」とは、論点の流れに必然性があるということ

です。論点Ａの後に論点Ｂが続くなら、論点Ｃや論点Ｄではなく論点Ｂである必然性が必要です。何となく結びついているというような、ぼんやりした結びつきでは不十分です。各論点がしっかり結びついていてはじめて、全体が容易に把握でき、説得力を持つのです。

スライド作成技術

　わかりやすいスライドを作ることは、内容を理解してもらう上で重要です。美しく凝ったスライドを作る必要はありません。ひと目で言いたいポイントが理解できるスライドが必要です。

　スライドを作る上で特に気をつけることは、口頭による説明がなくてもスライドだけで理解できるようにすることです。なぜなら、プレゼンテーションの後に、ハンドアウト（＝スライドの印刷）を読み直すことが多いからです。ビジネスでは、プレゼンテーションを聞いたその場で意思決定がなされることはまれです。多くの場合は、ほかの話を聞いた上で、比較して決定します。比較するときには、プレゼンテーションのハンドアウトだけが手がかりなのです。

　美しく凝ったスライドは、それ自体では説得できませんが、プレゼンターの意気込みを伝えてくれます。プレゼンターがどれだけこのプレゼンテーションにかけているかがわかります。逆に何の飾りつけもない文字だけのスライドは、プレゼンターのモチベーションの低さを感じさせてしまいます。

デリバリー技術

　プレゼンターの話し振りは、プレゼンテーションの印象付けや、プレゼンターへの信頼感という意味において重要です。人はプレゼンターの話し振りによって説得されるわけではありません。しかし、印象や信頼感は、無意識のうちに意思決定に影響してきます。堂々と大きな声で目を見ながら話せば、プレゼンテーション全体の印象がよくなります。信頼感も増すでしょう。それだけ説得もしやすくなります。

　話し振りがお粗末だと、無意味な偏見を持たれかねません。猫背でボソボソとスクリーンに向かって話しているようでは、聴衆は聞く気が起きません。話す前から「たいした内容ではない」などと偏見を持った目で見られてしまいかねません。

話し振りで特に気をつけることは、プレゼンターの熱意を伝えることです。最終的にはプレゼンターの熱意が、好印象や信頼感を生むのです。逆に言えば、プレゼンターが熱意を持っていれば話し振りは自然と向上します。熱意があれば、聞き手の目を見ますし、声の調子も上がります。身振り手振りも自然に出てくるのです。

コラム
アカデミックプレゼン対ビジネスプレゼン

　プレゼンテーションには、大きく、アカデミック・プレゼンテーションとビジネス・プレゼンテーションがあります（ほかにも、エンターテインメント・プレゼンテーションなどもありますが、この本の趣旨からはずれるので省略します）。

　アカデミック・プレゼンテーションとは、学会など学術的な目的で行うプレゼンテーションです。発表の場が学会などですから、同時並行的に、しかも次から次へと多くのプレゼンテーションが行われていきます。あなたのプレゼンテーションは、多くのプレゼンテーションの中の1つにすぎません。聴衆は、あなたのプレゼンテーションを聞きにきたとは限りません。

　アカデミック・プレゼンテーションでは、興味を惹いてもらうこと自体が大きな目的です。したがって、デリバリー技術とスライド作成技術の重要性が高くなります。人を惹きつける話し方とポイントを訴えるスライドで、多くのプレゼンテーションの中から、自分のプレゼンテーションを引き立てるのです。

　ビジネス・プレゼンテーションとは、セールスの場などビジネスの中で行うプレゼンテーションです。あなたのプレゼンテーションが唯一のプレゼンテーションという場合がほとんどです。聴衆は、あなたのプレゼンテーションに興味を持って、聞きにきています。

　ビジネス・プレゼンテーションでは、説得することが大きな目的です。したがって、内容構成技術の重要性が高くなります。論理的な内容で聴衆を説得するのです。

6 プレゼンの英語表現

Road to Successful Presentation

English for Presentation

- Requires more than standard useful expressions
- Does not require fluent expressions
- Requires communication-effective expressions

定型表現だけでプレゼンはできない

　定型表現は、オープニングやクロージングの決まり切った表現では有効です。謝辞を述べたりするような場合は、表現集に載っている言い回しで十分です。わざわざ自分で考えるのは時間の無駄です。日本語の文章における時候の挨拶と同じと考えればよいでしょう。

　しかし、各論になると定型表現はほとんど使えません。各論の展開は千差万別なので、ピタッとくる定型表現を見つけられることはほとんどないのです。見つけようと思えば、1文を探し出すために膨大な時間がかかるでしょう。それではプレゼンテーションの準備があまりに大変です。

こなれた英語表現がプレゼンを成功させるわけではない

　流暢な英語が大事なのでもありません。文法的に正しいことや、ネイティブが日常的に使うようなこなれた表現を使うことは、重要ではありません。聴衆は英語の先生ではありませんので、プレゼンターの文法上のミスに、いちいち舌打ちなどしません。言いたい内容が伝われば、文法的に誤っていても、ネイティブが普段使わないような表現であっても、何ら問題ではありません。

　また、流暢な英語、文法的に完璧な英語を習得しようとすれば、膨大な時間が必要になるので効率的ではありません。言語は、基本的な部分でルール化できますが、流暢で文法的に完璧な領域となると、ルール化が事実上不可能です。ルール化できたとしても、ルールが多すぎて実用的ではありません。結局、ネイティブの英語にどれだけ多く触れられるかにかかってきます。しかし、多くのビジネスパーソンは、忙しくてそのような時間は取れないことでしょう。

　同様に英語の発音にも、必要以上の神経を使う必要はありません。発音がひどくて意味がわからないのは論外ですが、ＬとＲの区別に必要以上に神経を尖らせる必要はないでしょう。ほとんどの場合、文脈から判断できます。最悪の場合、ハンドアウトを見ればわかります。

伝達効率の高い英語がプレゼンを成功させる

　しかし、伝達効率を高めるような英語表現を選ぶことは大事です。つまり、理解しやすい表現やポイントが強調できる表現です。英語表現が、伝達効率を高め、プレゼンテーションを成功へと導くのです。

　伝達効率を高めるような英語表現には基本ルールがあります。この基本ルールを知っていれば、多少文法上のミスがあったとしても、こなれた英語表現などを使わなくても、伝達効率が高まります。しかも、ルール化されているので、比較的短時間で学習可能です。

　たとえば、何を主語にするかで伝達効率は変わります（「キーワードを主語にする」120ページ参照）。主語は文の中心なので、主語が読み手の頭に残ります。したがって、キーワードを主語にするのと、意味のないものを主語にするのとでは、聴衆の印象が変わるのです。

　また、スライドのはじめに述べる文の長さで伝達効率は変わります。スラ

イドのはじめという強調のポジション（「要点から話す」54ページ参照）で、重要なことを短い文で伝えると印象に残ります。ここで、くどくど長い文を述べると、完璧な英語であっても、印象には残りません。

　このように、伝達効率を高める英語表現が必要なのです。定型表現やこなれた表現が、プレゼンテーションを成功に導くわけではないのです。

コラム
発音にだまされるな

　日本人は、帰国子女などがネイティブ並みの発音で英語を話すと、それだけで「すごい」、「かなわない」と思ってしまいます。しかし、発音だけで信用してはいけません。

　発音が上手な人の多くは、子供の頃から海外生活の長い人です。子供の頃、海外に住み、大人になって日本に帰国した人たちです。

　こういう人の中には、英語が中学や高校のレベルで止まっている人もいます。つまり、発音は完璧でも、公の場で話す表現を知らないのです。公のスピーチなのに、話し言葉でしか使わない単語や短縮形を乱発してしまったり、失礼な表現で述べてしまったりします。

　無理はありません。なぜなら、海外にいたのは子供の頃で、社会人としての英語を使ったことがないのですから。発音がよいというだけで、立派な英語と誤解しないよう気をつけましょう。

2 プレゼンの準備（6W2H）

プレゼンテーションを成功に導くには、しっかりとした準備が必要です。準備は6W2Hで進めるとよいでしょう。特に、Who、Why、What、Whereの4Wが重要です。残りの2W（When、Which）と2H（How、How much）にも配慮しましょう。

1. キーパーソンを把握する（Who）
2. 目的を明確にする（Why）
3. キーセンテンスを作る（What）
4. 場を確認する（Where）
5. 残りの2W2Hも確認する

1 成功するプレゼンへの道	2 プレゼンの準備（6W2H）	3 内容構成技術	4 スライド作成技術
5 デリバリー技術	6 理解度を高める英語技法	7 覚えておきたい定型の英語表現	8 プレゼンの基本フォーム

1 キーパーソンを把握する (Who)

Preparation (6W2H)

Who is the Key Person?

- Persuade the key person.
- Adjust the knowledge level to the key person.
- Start your presentation after the key person takes a seat.
- Take into account that the key person leaves during your presentation.

1

キーパーソンを説得する

　トップダウンの欧米社会では、キーパーソンを説得しなければなりません。ほかの聴衆が納得しても、キーパーソンが納得しなければ、そのプレゼンテーションは失敗といえるでしょう。日本でのプレゼンテーションのように、聴衆全体を説得しようとすることは、ときとして無駄な努力になります。

　プレゼンテーションの準備をする前に、だれが意思決定権を持っているのか確認しましょう。キーパーソンがだれだかわからないなら、プレゼンテーションをセッティングするときに、相手の担当者に直接聞きましょう。直接聞きにくい場合は、参加者とその仕事内容を聞けば、だれがキーパーソンかはだいたいわかります。あるいは、名刺交換のときに仕事の内容を聞くのも手です。

　何度も質問したり、反論したりする聴衆もキーパーソンと考えましょう。

責任があるからこそ、質問や反論をするのです。この手の人物を疎んじてはいけません。特に反論されたときは、逆に説得のチャンスなのです。チャンスを逃すことなく、説得しましょう。

知識レベルを合わせる

キーパーソンを説得するのですから、前提とする知識レベルもキーパーソンに合わせます。たとえば、キーパーソンがエンジニアなら、技術的に深い内容が必要です。一方、キーパーソンがマネージャーなら、費用対効果がより重要になるでしょう。

キーパーソンが来てから始める

プレゼンテーションは、キーパーソンの到着を待ってから始めましょう。キーパーソンでない人たちを説得しても効果は上がりません。また、キーパーソンがプレゼンテーションの最初の部分を聞いていないと、キーパーソンを説得するのも困難になります。なぜなら、最初の部分は、そのプレゼンテーションの重要なポイントをまとめたり、背景や現状の問題点を述べたりする重要なパートだからです。

途中で退席することも考慮する

一般に、キーパーソンは忙しいので、途中で退席してしまうことも考慮に入れておかねばなりません。2時間の予定でミーティングをセッティングしても、プレゼンテーションの途中で呼び出され、退席してしまうこともあります。万一、途中で退席されてしまっても、重要なポイントだけは伝えられるように、次のような工夫が必要です。

- ■ キーセンテンスを作る（41ページ参照）
- ■ 最初にポイントと全体像を示す（50ページ参照）
- ■ 正しく並列する（60ページ参照）

2 目的を明確にする (Why)

> **Preparation (6W2H)**
>
> ## Why is the Presentation Made?
>
> - Why will you make the presentation?
>   - What is your goal?
> - Why will the audience listen to the presentation?
>   - What are the audience's benefits?
>   - What are the audience's problems?

2種類のWhyがある

Whyには、プレゼンターのWhyと聴衆のWhyがあります。プレゼンターのWhyとは、「なぜ、私はこのプレゼンテーションをするのか？」ということです。プレゼンターの目的の明確化が必要です。一方、聴衆のWhyとは、「なぜ、私はこのプレゼンテーションを聞かねばならないのか？」ということです。聴衆のベネフィットの明確化が必要です。

プレゼンターのゴール（Why）を確認する

まず、何のためにプレゼンテーションをするのかを明確にしましょう。プレゼンテーションのゴールを具体化するのです。たとえば、次のような目的です。

- 契約してもらう
- 見積書を依頼してもらう
- 試用してもらう
- 概念を理解してもらう
- 情報を提供してもらう

　ゴールは、具体的であればあるほどよいでしょう。具体的であれば、成否が判定できます。たとえば、「試用してもらう」をゴールとするなら、成否は明確です。「特徴を理解してもらう」のようなゴールでは、成否がわかりにくくなります。

聴衆のベネフィット（Why）を意識する

　次に、なぜ聴衆はこのプレゼンテーションを聞かなければならないのかを明確にしましょう。聴衆はプレゼンターのゴールには興味はありません。聴衆が興味を持つのは、プレゼンターが自分にベネフィットを与えてくれるかどうかです。つまり、聴衆にとって、どんないいことがあるのかを示すのです。

　したがって、あなたがソフトウェアを売り込みにきたとしても、「今日は、ソフトウェアを売りに来ました」とは言ってはいけません。聴衆は、プレゼンターの目的には興味がないのです。それよりは、「開発工程のこの部分を1/2に短縮できます」、「この経費が30％節約できます」のように、聴衆のベネフィットを強調するのです。

聴衆の問題点を確認する

　聴衆にベネフィットを示すには、聴衆が現在抱えている問題点を確認しなければなりません。この問題点を、プレゼンターと聴衆で共有できてはじめて、聴衆のベネフィットへと話を進められます。たとえば、ある工程が全体のボトルネックになっていることを聴衆が理解できてはじめて、その工程を改善する商品やサービスの特長を聞きたいと思うのです。その工程が全体のボトルネックになっていることを理解できなければ、聴衆はベネフィットを理解できません。

　しかし、プレゼンターは、この問題点の確認を怠りがちです。なぜなら、

プレゼンターは、自分の商品やサービスの優位性を話したくてウズウズしているからです。そのため、問題点の説明をそこそこに、商品やサービスの説明に移ってしまうのです。その結果、聴衆は聞きたくもない商品やサービスの説明を聞かされることになります。

Youを強調する

聴衆は自分たちのベネフィットにしか興味がないのですから、プレゼンテーションの中心はyouにしなければなりません。逆に、IやWeを中心とした話をしてはいけません。

よい例

You can satisfy all your shopping needs when you visit a Hobson's well-stocked department store.

悪い例

We want you to take full advantage of our store services, for we have the largest stock in the city.

聴衆のWhy
(＝ベネフィット)

プレゼンターのWhy
(＝ゴール)

3 キーセンテンスを作る (What)

> **Preparation (6W2H)**
>
> ## What's Your Point?
>
> - Prepare the key sentence as an answer to the question: "What's your point?"
>
> - Focus your presentation on the key sentence consistently.
>   - Use the key sentence many times.

"What's your point?" の答えを作る

　プレゼンテーションの内容を1文で表現するキーセンテンスを作りましょう。それが、"What's your point?" という聴衆の疑問に対する答えになります。また、プレゼンテーションの背骨と言ってもよいでしょう。

　プレゼンテーションは、まさにこのキーセンテンスのためにあるのです。キーセンテンスを伝え、説得するために、長々と話をするのです。プレゼンテーションの中心を意識しましょう。この中心が明確になっていないと、"What's your point?" と質問されてしまいます。

キーセンテンスは首尾一貫して中心に置く

　キーセンテンスは、プレゼンテーションの中心、背骨ですから、ここから

ずれてはいけません。キーセンテンスを首尾一貫して、プレゼンテーションの中心にすえましょう。キーセンテンスからずれた話をすればするほど、伝えたいことが強調できなくなります。

　キーセンテンスは、ことあるごとに強調しましょう。1度口にしたら終わりとするのではなく、数分に1回は繰り返します。こうすることでキーセンテンスを聴衆の頭に焼き付けるのです。

　たとえば、作業時間を短縮する（これが聴衆のベネフィット）ための商品を紹介するとしましょう。キーセンテンスは、「WorkingMaster（商品名）は、作業時間を25％短縮できる」だとします。プレゼンテーションで、WorkingMasterの特長を3つ説明しようとしています。このとき、その3つの特長をひとつ説明しては、「だから、WorkingMasterは、作業時間を25％短縮できるのです」とまとめるのです。これを3回繰り返せば、聴衆の頭にキーセンテンスがしっかり残ります。

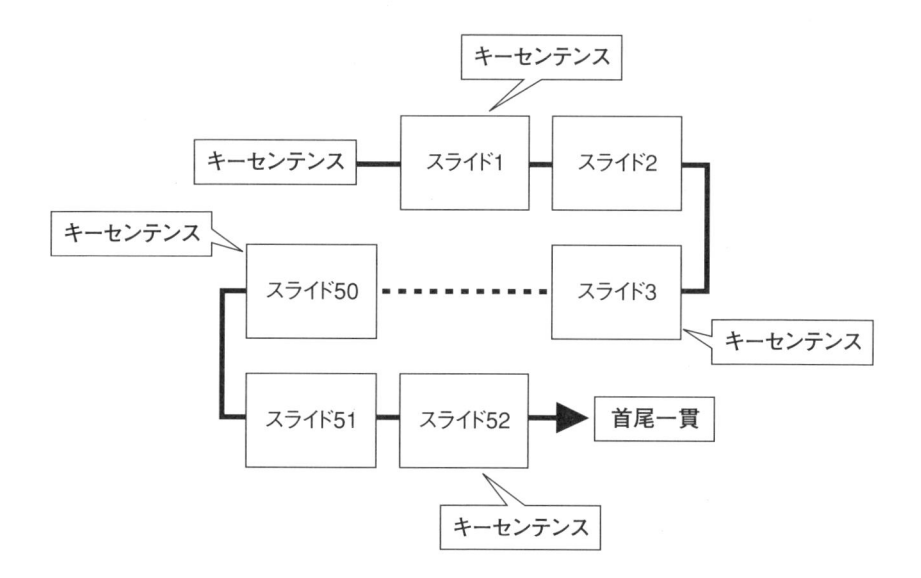

4 場を確認する (Where)

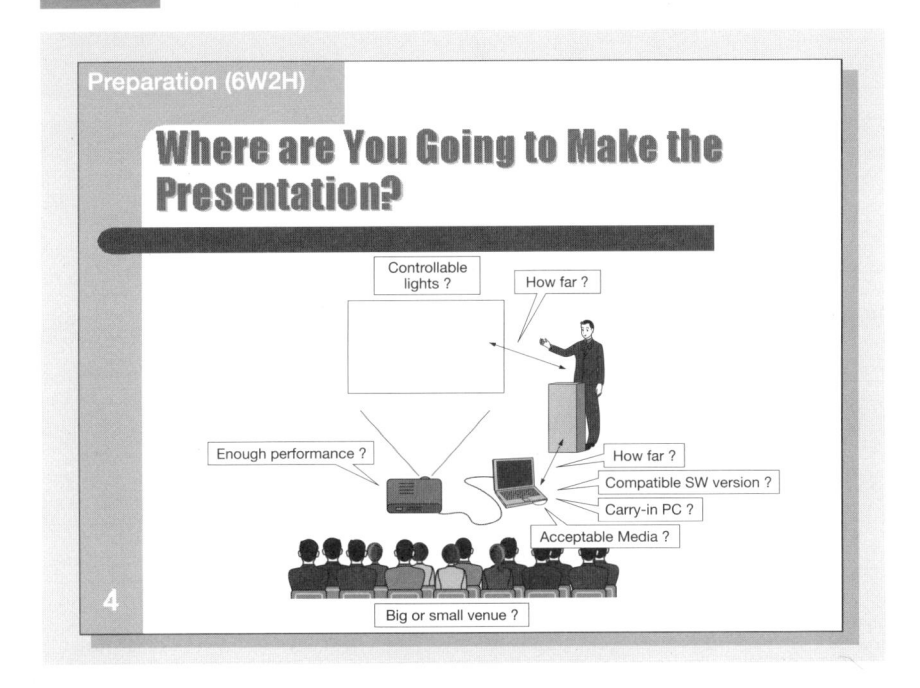

2 プレゼンの準備（6W2H）

> **Preparation (6W2H)**
> **Where are You Going to Make the Presentation?**
>
> - Controllable lights ?
> - How far ?
> - Enough performance ?
> - How far ?
> - Compatible SW version ?
> - Carry-in PC ?
> - Acceptable Media ?
> - Big or small venue ?

プレゼンする場所を確認する

　まず会場の様子を確認しましょう。会場によっては準備が多少変わります。確認することは次のようなことです。

- 広さはどのくらいか？
- 演壇とパソコンは離れているか？
- 演壇とスクリーンは離れているか？
- スクリーンのそばの照明は調整できるか？

　会場が広いなら、スライドの文字は大きくしなければなりません。会場が狭いなら、スライドの文字は多少小さくても読めるでしょう。のどが弱い方が広めの会場でプレゼンテーションするなら、マイクの準備を依頼しておきましょう。

演壇とパソコンが離れているなら、コードレスマウスのような、離れた場所から操作できる装置が必要です。このような装置がないなら、スライドの切り替えを第三者に依頼しなければなりません。スライド表示にアニメーションは使えなくなります。また、スライドの切り替え担当者といっしょにリハーサルしておく必要も出てくるかもしれません。

　演壇とスクリーンが離れているなら、レーザーポインターが必要です。指示棒では届きません。パソコンのマウスポインターは小さすぎるので、指示棒の代わりにはなりません。

　スクリーンのそばの照明を調整できるなら、会場は明るく、スクリーンは暗く設定するとよいでしょう。もし、照明の調整ができないなら、スクリーンのそばの蛍光灯を外してしまうのも手です。ただし最近は、プロジェクタの性能が高くなったので、照明の調整が必要ないことも多くなりました。

セッティングを確認する

　会場のセッティングも確認しましょう。確認するのは次のようなことです。

- ソフトのバージョンは？
- ファイルを保存するメディアは？
- プロジェクタの性能は？
- パソコンは持ち込めるか？

　会場に用意されたパソコンを使うなら、ソフトのバージョンは必ず確認しましょう。互換性の問題で、最悪の場合、読み込めないこともあります。読み込めたとしても、表示が異なる場合もあります。たとえばPowerPointの場合、バージョンが異なるとアニメーションが期待どおりに動作しないことがあります。

　持ち込む記憶メディアも確認しましょう。最近はCD-ROMが最も無難です。フロッピーディスクで持ち込むなら、壊れやすいので予備として2枚用意しておきましょう。フロッピーディスクの不良で、ファイルが読み込めないことは、けっして珍しいことではありません。USBメモリのようにパソコンに接続する記憶メディアは、接続できない可能性もありますので、事前に確認しておきましょう。

　プロジェクタが旧式だと、スクリーンが暗くなるので、明るい背景のスライドを用意しましょう。弱い出力のプロジェクタで、暗い背景のスライドは

読みにくくなります。

　できれば自分のパソコンを持ち込むのが無難です。ソフトのバージョンが異なることを考慮しなくて済みます。特殊なフォントを使っても表示を事前に確認できます。ただし、スライドのファイルは、不慮の事態に備えて、CD-ROMなどで別に用意しておきましょう。持ち込んだパソコンが会場の環境に接続できないとか、持ち込む間にパソコンが壊れてしまったとかいうことも起こりうるのです。

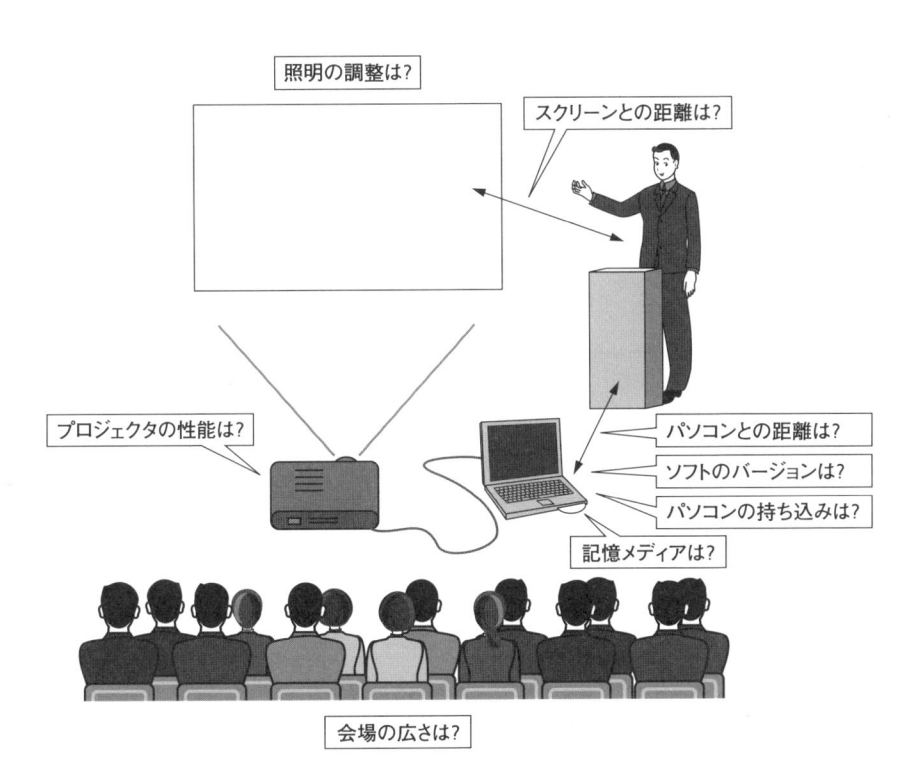

2 プレゼンの準備（6W2H）

照明の調整は？
スクリーンとの距離は？
プロジェクタの性能は？
パソコンとの距離は？
ソフトのバージョンは？
パソコンの持ち込みは？
記憶メディアは？
会場の広さは？

5 残りの2W2Hも確認する

> **Preparation (6W2H)**
>
> ## The Other Two Ws and Two Hs
>
> - When will you start or finish the presentation?
> - Which option will the audience choose?
> - How will we do it?
> - How much is the cost?

プレゼンの時間を確認する(When)

　確認すべき時間には、開始時間と制限時間の2種類があります。
　プレゼンテーションの開始時間を確認し、それに合わせた対応を考えましょう。たとえば、昼休みが終わってすぐにプレゼンテーションをするなら、昼食は控えめにしておいたほうがよいでしょう。プレゼンテーションの最中にゲップが出かねません。また、会場までが遠いなら、交通手段の遅れなども考慮して、少し早めに会場に着くよう心がけましょう。
　プレゼンテーションの制限時間を確認し、少し短めにまとめておきましょう。プレゼンテーションは、いつも予想より長くなりがちです。リハーサルをしたとしても、リハーサルより本番のほうが長くかかるものです。制限時間をオーバーすると、聴衆がいらつくばかりか、最悪の場合、結論を述べきれなくなります。

選択肢を提示する（Which）

　提案する場合は、選択肢を複数用意しましょう。選択肢が1つしかないと、聴衆は押しつけられている印象を受けます。複数の選択肢から自由に選べれば、聴衆は自らが作り上げたソリューションという満足感を持ちます。プレゼンター側は、本命の選択肢のほかに、捨て石の選択肢を用意しておくのもよいでしょう。

　選択肢としては、たとえば以下のバリエーションが考えられます。

- 機能の充実
- 品質（チェックをどこまでするか？）
- 価格（支払い条件なども含む）
- スケジュール

どうやって進めるかを示す（How）

　今後のビジネスをどうやって進めるのかを示しましょう。進め方などを先回りして述べると、聴衆に用意周到さをアピールできます。その結果、プレゼンターの信用が高まります。具体的には、次のようなポイントを示すとよいでしょう。

- スケジュール
- アクションアイテム
- 体制

コストがいくらかを示す（How much）

　ビジネスでは、コストはいつでも聴衆の最大の関心です。コストを示してはじめて、聴衆は検討を始めます。

コラム
時間を守る

　プレゼンテーションでは、開始と終了の時間を守ることは、最低限のマナーです。「時間をオーバーしてもたくさんのことを話したほうが聴衆は満足する」と考えているなら、それは勘違いというものです。

　時間が足りないために最後を駆け足でまとめてしまうと、強調のポジション（「最初にポイントと全体像を示す」50ページ参照）を1つ失うことになります。早口で話すことは、何も説明しないのとほぼ同じです。プレゼンターには話したという満足感が残るかもしれませんが、聴衆は話を理解できません。つまり、プレゼンテーションの最後という強調のポジションで、効果的にポイントを伝えられなくなります。その結果、印象の薄いプレゼンテーションになってしまいます。

　時間が足りないのに、強引にプレゼンテーションを続ければ、聴衆のイライラを誘います。その結果、悪い印象を与えてしまいます。聴衆は短時間で効率よく情報を入手したいと思っているのです。聴衆の貴重な時間を無駄に浪費するプレゼンテーションによい印象など持つはずもありません。

　説明が終わらないのに終了時間が迫ってしまったら、すべてを飛ばして結論へ行きましょう。ただし、結論には十分な時間を割きます。けっして早口になってはいけません。むしろゆっくり強調しながら話しましょう。最後が強調のポジションだということを忘れてはいけません。結論は、序論でもほぼ述べているはずですから、話すことに意味があるのではありません。結論は、強調することに意味があるのです。

3

内容構成技術

内容構成はプレゼンテーションで最も重要です。わかりやすく論理的な内容こそが、聴衆を説得できるからです。わかりやすくするには、概要から詳細に説明するのがポイントです。論理的に構成するには、情報を効果的に取捨選択し、正しく並列し、明確に接続することが大事です。本章では、プレゼンテーションを論理的でわかりやすく構成するために、5つのポイントを学習します。

1. 最初にポイントと全体像を示す
2. 要点から話す
3. 情報を絞る
4. 正しく並列する
5. スライドを明確に接続する

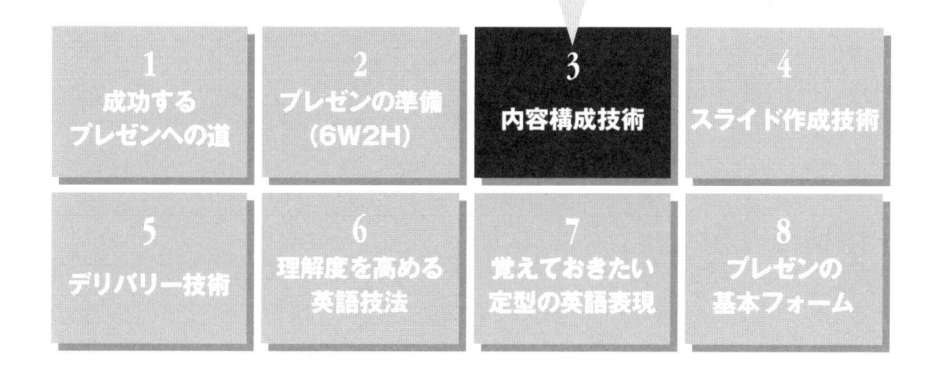

1 成功するプレゼンへの道	2 プレゼンの準備 (6W2H)	3 内容構成技術	4 スライド作成技術
5 デリバリー技術	6 理解度を高める英語技法	7 覚えておきたい定型の英語表現	8 プレゼンの基本フォーム

1 最初にポイントと全体像を示す

Organization Skills

Start with Main Points and Outline

- Compose your presentation with an introduction, a body, and a conclusion.
- Present main points and outline in the introduction.
- Summarize main points in 30 seconds.
- Compose each level of introduction, body, and conclusion, too.

1

序論―本論―結論で構成する

プレゼンテーションは序論（Introduction）―本論（Body）―結論（Conclusion）の3段構成を取ります。

1. まず、「何を述べるか」を述べる（序論：Introduction）
2. 次に、それを詳しく述べる（本論：Body）
3. 最後に、「何を述べたか」を述べる（結論：Conclusion）

序論を「まくら」にしない

序論は、日本人が一般的に考えているような軽いものではありません。つまり、本題に入る前の口慣らしや落語の「まくら」のようなものではありま

せん。プレゼンテーションの全体像を示すとともに結論も示す、プレゼンテーションで最も重要なパートの1つです。

序論でポイントを述べる

プレゼンテーションの結論、つまり最も大事なポイントは、できるだけ序論で紹介しましょう。大事なポイントを、最後の結論まで引っ張ってはいけません。つまり、逆三角形のような重み付けを意識します。

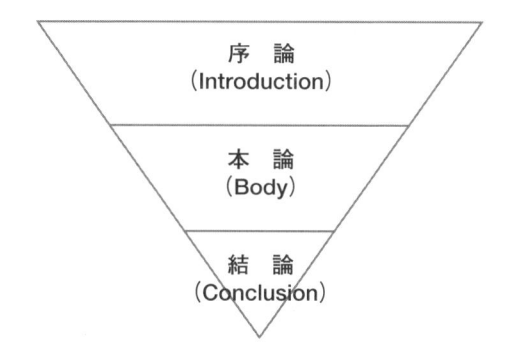

```
序　論
(Introduction)

本　論
(Body)

結　論
(Conclusion)
```

序論で全体構成を示す

序論では、プレゼンテーション全体の構成も示しましょう。何をどの順番で話すかを示すのです。目次を示すのと同じです。

ここで大事なのは、構成をしっかり説明することです。目次だけスライドで示して終わりにしたり、目次の項目を読み上げて終わりにしたりしてはいけません。各項目がどのようなつながりを持っているのか、言葉で説明しましょう。そのプレゼンテーションが論理的な構成であることを、聴衆に説得しなければなりません。

先がわかれば理解しやすい

大事なポイントや全体構成を序論で示すのは、先がわかると理解しやすくなるからです。何がどんな順番で展開されるのかがわからない話はわかりにくいものです。ゴールも道筋も先に見せておくと、理解しやすくなります。

最初と最後は強調ポジション

　大事なポイントを序論で示すのは、プレゼンテーションの最初のパートはだれもが注目しているからです。冒頭というのは、聴衆の緊張の高まる、つまり、強調できるポジションなのです。この強調のポジションで結論を述べると、聴衆の印象に残ります。

　プレゼンテーションの最後のパートも強調のポジションです。ですから、ここでも大事なポイントを述べましょう。最初と最後の強調のポジションを活用するのです。結論だからといって、最後でしか述べないのでは、強調のポジションを1つ無駄にすることになります。

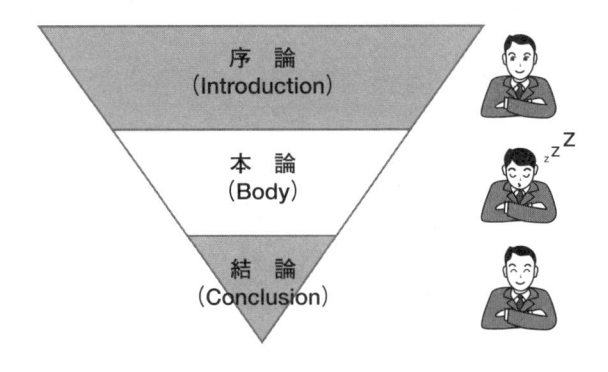

序論（Introduction）
本論（Body）
結論（Conclusion）

最後まで聞いてくれる保証はない

　大事なポイントを序論で示すのは、プレゼンテーションの最初のパートでは、キーパーソンが必ず聞いているからです。キーパーソンが来るのを待ってプレゼンテーションを始めれば（「キーパーソンを把握する（Who）」36ページ参照）、大事なポイントを確実に伝えられます。結論でしか大事なポイントを述べないなら、キーパーソンが途中退席してしまうと、肝心なことが肝心な人に伝わりません。

大事なポイントは端的にまとめる

　序論で大事なポイントを伝える場合、30秒程度にまとめましょう。くどくど説明してはいけません。詳細は本論で説明するのですから、簡潔に述べ

れば十分です。

　簡潔に述べるとそれだけ印象に残ります。くどくど述べれば述べるほど、わかりにくくなるばかりか、印象にも残らなくなります。プレゼンテーションの冒頭で、簡潔に大事なポイントをまとめることが、印象に残すコツです。

　次のように4文でまとめられると理想的です。

> **よい例**
>
> Today, I would like to talk about three features of …
> First, …
> Second, …
> Third, …

長いプレゼンでは章ごとに3段構成を取る

　プレゼンテーションが長くなるようなら、各章で序論（Introduction）―本論（Body）―結論（Conclusion）の構成を取りましょう。上述のような効果のほかに、長い本論のだれを防いだり、各章の境目が明確になったりする効果が期待できます。章の境目で目次を示すだけでは不十分です。

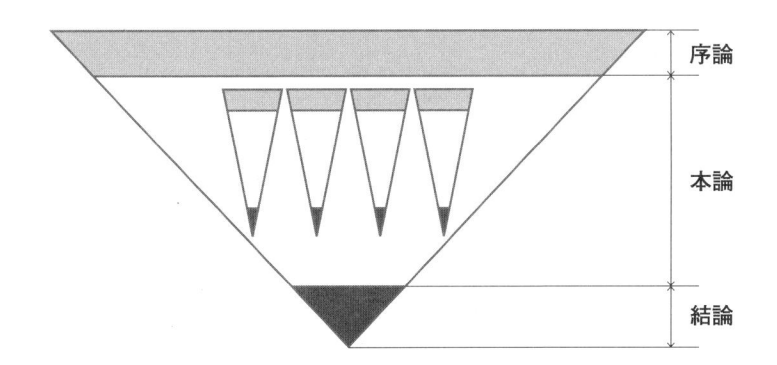

2 要点から話す

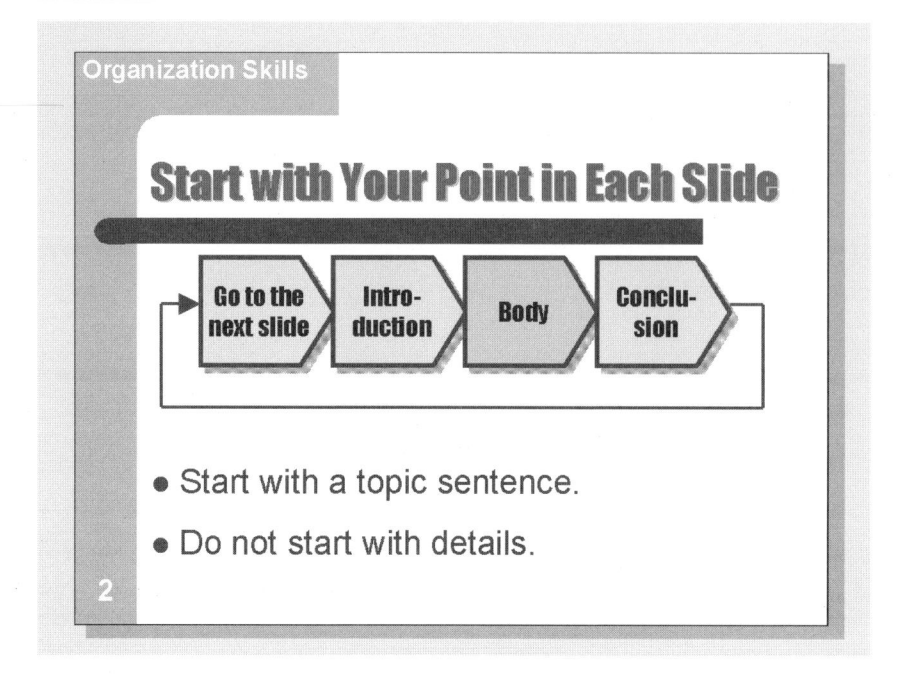

Organization Skills

Start with Your Point in Each Slide

Go to the next slide → Intro-duction → Body → Conclu-sion

- Start with a topic sentence.
- Do not start with details.

スライドも序論―本論―結論で構成する

　本論の各スライドは、プレゼンテーション全体と同様に、序論（Introduction）―本論（Body）―結論（Conclusion）で構成します。Introductionでは、そのスライドのポイントを簡潔に述べます。これも、プレゼンテーション全体の構成と同じです。

　　1. まず、「何を述べるか」を述べる（序論：Introduction）
　　2. 次に、それを詳しく述べる（本論：Body）
　　3. 最後に、「何を述べたか」を述べる（結論：Conclusion）

　したがって、本論では、序論（Introduction）―本論（Body）―結論（Conclusion）が、スライドの枚数だけ繰り返されます。つまり、スライドをめくったら、まずポイントを述べ、次にその詳細を述べ、最後にポイント

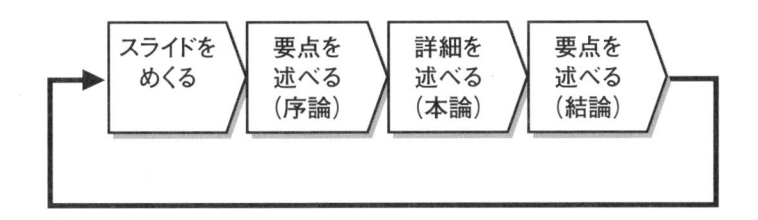

を繰り返して、スライドをめくります。

```
スライドを → 要点を → 詳細を → 要点を
めくる     述べる   述べる   述べる
          （序論）  （本論）  （結論）
```

　最初に序論＝要点を述べる理由は、プレゼンテーション全体で序論＝要点を述べる理由と同じです。先の展開がわかれば理解しやすいからです。また、最初が強調のポジションなので、聴衆の印象に残るからです。

　各スライドにおける序論と結論は、1文で簡潔に述べます。簡潔であることが大事です。くどくど述べてはいけません。スパッと述べることで要点を聴衆の記憶に残すのです。修飾語句の多い文を作らないよう気をつけましょう。

いきなりデータの説明をしない

　多くの日本人は、スライドをめくると、そこに示されているデータを、いきなり説明し始めます。プレゼンターにとってはデータこそが仕事であり、最も大事なポイントなのです。したがって、データを説明したくてウズウズしているのです。ひととおり、データを説明し終わると結論を述べます。

　しかし、この説明のしかたは効果的ではありません。なぜなら聴衆は、プレゼンターがそのデータで何を言おうとしているのかがわからないからです。言いたいことがわからなければ、示されたデータも理解しにくくなります。

　そうではなく、まずポイントを述べましょう。まず、データから言えることを述べます。次に、それをデータで裏付けるのです。データの説明が終わったら、「以上のように、〜です」とまとめます。

悪い例

「この図は、主要な学会における、当社と競合A社、B社の論文数の推移です。当社の論文数は、ここ数年、下降し続けています。一方、A社、B社の論文数は増加傾向にあり、ここ2年、当社は両社に後れを取っている状態です。このように、技術優位性が失われつつあります。」

Technological Advantage Change

number of papers in main institutes

Losing technological advantage !

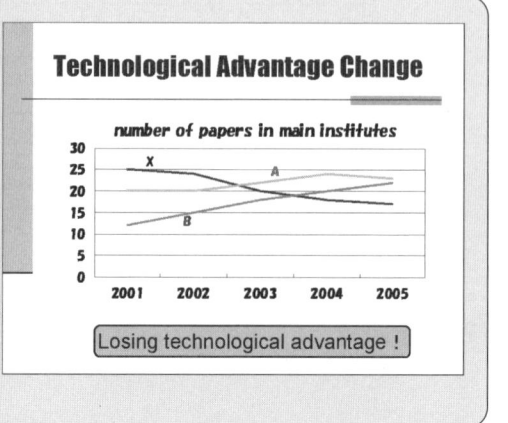

よい例

「現在、当社の技術優位性が失われつつあります。このことは、主要な学会における論文数の低下に顕著に表れています。当社の論文数は、ここ数年、下降し続けています。一方、A社、B社の論文数は増加傾向にあり、ここ2年、当社は両社に後れを取っている状態です。このように、技術力の低下は深刻です。」

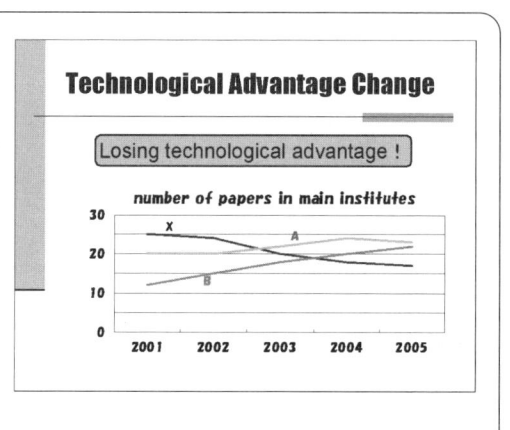

Technological Advantage Change

Losing technological advantage !

number of papers in main institutes

3 情報を絞る

> **Organization Skills**
>
> ## Narrow down Information
>
> - Too much information obscures your point.
> - Add information, do not subtract any to finish your presentation within the allowed time.
> - Base everything on groups of three.
>
> > Conciseness is emphasis.

情報過多はポイントがボケる

　「情報がたくさんあればあるほど、伝達効率が高まる」というわけではありません。多くの情報を伝えれば伝えるほど、大事な情報がボケてしまうことも考慮しましょう。情報を絞れば、それだけ聴衆の印象に残せます。数多く述べれば、それだけ説得力が増すわけではありません。

　多くのことを話しすぎないように、スライド1枚につき最低1分を見積もりましょう。つまり、10分のプレゼンテーションなら、スライドは最大で10枚です。できれば、この目安より少な目にしておいたほうが無難です。これ以上多いのは、情報過多と考えるべきです。

情報を付加して時間内に収める

　全体構成を作るときには、まず最小の構成を作り、それから肉付けしていきましょう。プレゼンテーションの時間に収まるように、情報を付加していくのです。こうすると、強調したいポイントがはっきり意識できるので、明確なプレゼンテーションになります。

　一方、肉をそぎ落とすように構成を考えるのは避けましょう。とりあえず言いたいことを列挙して、時間内に収まるように情報を削除していくやり方です。人は自分が持っている情報を残らず話したいという欲求に駆られるので、このやり方だと、情報を絞りきれなくなります。

　情報過多を話し方でカバーしようとするのはやめましょう。「ちょっと時間オーバーだけど、まあ、早口で話せば何とかなるだろう」と考えてはいけません。本番のプレゼンテーションは、リハーサルより時間がかかるものです。また、早口で話せば、それだけ伝達効率は落ちます。プレゼンターには、すべて話したという満足感が残るかもしれませんが、聴衆には伝わっていないということになりかねません。

3を基調に考える

　すっきりした構成がうまくできない場合は、3を基調に構成するとよいでしょう。3は多すぎず、少なすぎず、記憶しやすい数です。たとえば次のような構成です。

- 特長を3つ述べる
- 外観、機能、実績で構成する
- 現状の問題、対策、デメリットに対する反論で構成する
- 3つのパーツに分けて説明する

　なお、3を基調にするのはあくまで目安です。実際には3では少ない、あるいは多いこともあります。とりあえず3で考えて、必要に応じて増減させるとよいでしょう。

　情報を3つに絞りきれない場合は、重要な3つとそのほかに分けるとよいでしょう。たとえば、製品やサービスの特長を説明する場合、まず、他社と明確に差別化できる特長を3つ述べます。次に、スライドを変えて、差別化できにくい特長を列挙するのです。重要な特長が、そうでない特長によって

ボケてしまうのを防止できます。

悪い例

よい例

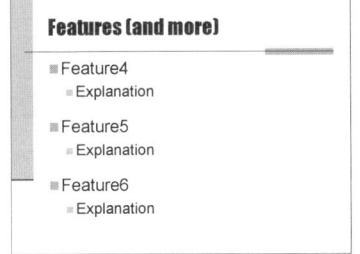

3を基調にした図の例

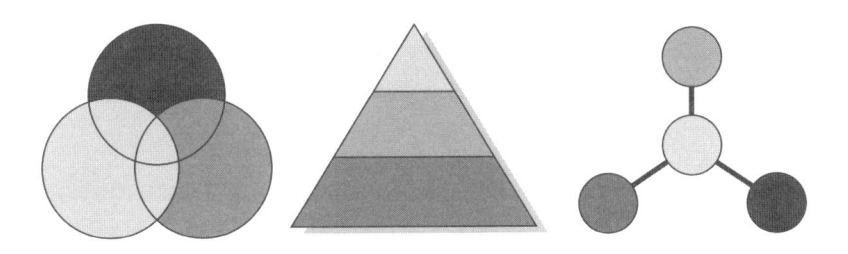

4 正しく並列する

> **Organization Skills**
>
> ## Use Parallel Constructions
>
> - Place series of words, phrases, or clauses in parallel form.
>   - of the same kind
>   - in the same level
>   - in the same form
>   - in an appropriate order

同じ種類で統一する

　情報を並列するときは、同じ種類で統一します。この原則は、スライド内の箇条書きはもちろん、並列するスライド、並列する章など、情報が並列しているときは必ず守ります。

　同じ種類で統一するとは、特長なら特長だけで揃えることです。特長を述べているときに、並列して手段や操作手順を述べてはいけません。当たり前のようですが、意外にできません。

　たとえば、次の3つは、コンピュータウィルスに関する注意を喚起していますが、並列できません。1番目は、コンピュータウィルスに感染する1例を挙げています。しかし、2番目は感染を防ぐための1つの手法であり、3番目はウィルスの手口の紹介です。どれも異なるものなので、安易に並列してはいけません。

> **悪い例**
>
> 1. Opening an infected attachment will run the file it contains.
> 2. Do not download and install unknown software.
> 3. Looking authentic is not the same as being authentic.

　異なるものが同一階層に並列されることに違和感を持ちましょう。異なるものが並列されていると、論理的な接続ができません。あるいは、情報分析にダブリや漏れを生みかねません。

同じレベルで統一する

　情報を並列するときは、同じレベルで統一します。つまり、分析や考察の深さや抽象度を揃えます。基本的には、並列されているものすべてを、同じ抽象度で分析、考察します。ただし、重要なものは深く分析し、重要でないものを浅く分析するのはかまいません。

　たとえば、次の箇条書きは、項目を並列できません。SalespersonsはVisitorsの一種です。

> **悪い例**
>
> Outside infected computers will try to attack other computers once they connect to our networks.
> - Visitors
> - Salespersons
> - Temporary Contractors

同じ形で統一する

　情報を並列するときは、同じ形で統一します。つまり、名詞止めなら名詞止め、動詞止めなら動詞止めで揃えます。口調がよくなるので、聴衆の印象に残ります。

> **よい例**
>
> Once infected, your computer ...
> - could be used to attack and infect other computers.
> - could be used to send out thousands of spam email messages in your name.
> - could burden or disrupt our networks with high volumes of messages.

情報を適切な順に並べる

　情報を並列するときは、必ず意味のある順序で並べましょう。思いついた順や情報を入手した順に並べてはいけません。

　最もよく使われる順番は、重要な順です。聞き手が最後まで聞いてくれるという保証はありません。途中で退席されてしまったとしても、大事なことだけは伝達できるよう、重要な順に並べます。

　重要な順以外には、時間順や空間順があります。手順などは時間順になりますし、ものの外観を説明するなら空間の順です。さらには、発音しやすい順（＝短いスペルの単語から長いスペルの単語）やアルファベット順もあります。しかし、これらの順は伝達効率とは関係がないので、意識する必要はないでしょう。

　空間の順は、習慣的に下記のいずれかになります。習慣的に決まっているものなので、守らないと聴衆が困惑します。

- 上から下
- 左から右
- 時計回り

5 スライドを明確に接続する

> **Organization Skills**
>
> ## Connect Slides Clearly and Logically
>
> - Connect information logically.
> - Connect information correspondently.
>   – Can the audience understand the logic through the table of contents alone?
>   – Can the audience understand the logic through the slide title alone?

情報を論理的に接続する

　セクションとセクションを、スライドとスライドを明確に接続します。すべてのパートが論理的につながっていなければなりません。また、このつながりを聴衆がわかるように説明します。聴衆に推測させてはいけません。日本人のプレゼンテーションは、この部分が弱いため、パートごとはわかるが全体がわからないと言われてしまいます。

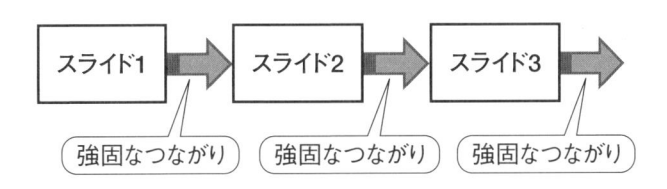

スライド1 → スライド2 → スライド3
（強固なつながり）（強固なつながり）（強固なつながり）

情報の対応に注意する

　情報を論理的に接続するときに気をつけておきたいのは、内容的に正しく接続されているかです。文章表現的に接続できているだけでは不十分です。たとえば、原因と結果、問題と対策、主張とデータなどは、内容的にもしっかりと対応させましょう。これができないと論理性が崩れます。簡単そうに見えますが、非常に多くの（というよりほとんどの）プレゼンテーションで見受ける問題点です。

　たとえば、期の始まりに行われる部門長の訓辞などでは、この対応が不十分な場合がよくあります。昨年の反省と今年の施策が対応しないのです。論理的に考えれば、昨年の反省と今年の施策は対応しなければなりません。対応しないとしたら、反省する箇所を間違えているか、施策を間違えているのです。

　情報の対応が難しいのは、対応すべき情報が離れているためです。前の例で言えば、昨年の反省はプレゼンテーションの前半で話されるでしょう。一方、今年の施策はプレゼンテーションの最後になるはずです。このように、離れてしまうと、つい対応させることを忘れてしまうのです。

　同様に、プレゼンテーションの前半で問題点を述べ、後半でソリューションを提案する場合も気をつけましょう。このようなプレゼンテーションでは、最後のまとめで、最初に示した問題点が、提示したソリューションによってどう解決したかを示します。これを怠ると、情報の対応が取れていないプレゼンテーションになりがちです。

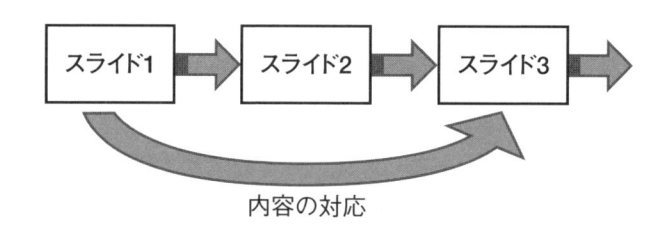

スライド1 → スライド2 → スライド3 →

内容の対応

目次だけで論理が追えるように論理構築する

　セクションとセクションが論理的に接続されていれば、目次だけで論理が追えるはずです。目次のスライドで確認してみましょう。

下記の例では、事務所の騒音を問題視し、その解決のために提案するまでの流れが、目次に明確に見えます。

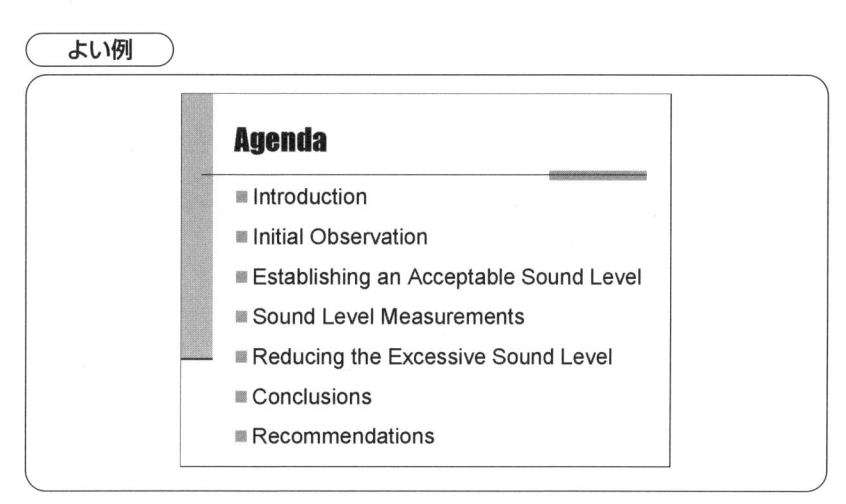

よい例

Agenda

- Introduction
- Initial Observation
- Establishing an Acceptable Sound Level
- Sound Level Measurements
- Reducing the Excessive Sound Level
- Conclusions
- Recommendations

"Writing Reports to Get Results", Ron S. Blocq & Lisa A. Moretto, IEEE Press より引用

次の例では、ベンチャー企業の現状と成功条件を報告しようとしています。しかし、5番目の項目である "In Case of the U.S." の位置付けが不明です。接続の弱い項目が入ると、プレゼンテーション全体の論理性を損ないます。

悪い例

Agenda

- Introduction
- Present State of Venture Companies
- Advantages
- Disadvantages
- In Case of the U.S.
- Conditions of Success
- Conclusion

スライドの見出しだけで論理が追えるように論理構築する

　スライドとスライドが論理的に接続されていれば、スライドの見出しだけで論理が追えるはずです。スライドの見出しを集めて確認してみましょう。PowerPointであれば、アウトライン表示させることで、スライドの見出しだけを表示できます。

PowerPointでスライドの見出しだけを表示させるには

1. 標準表示状態でアウトラインのタブを選択
2. アウトラインのツールバーを表示（プルダウンメニューから、「表示」→「ツールバー」→「アウトライン」を選択）
3. アウトラインのツールバーで「すべて折りたたみ」を選択

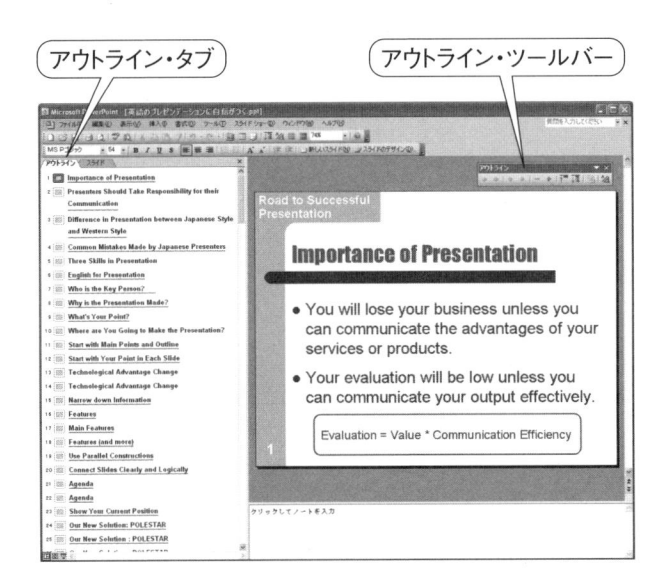

4

スライド作成技術

スライドは、プレゼンテーションをわかりやすくするために重要です。わかりやすく、しかもポイントを強調できるスライドを作成することが重要です。美しい見栄えのするスライドは、必ずしも重要ではありません。本章では、スライドをわかりやすく、しかも印象強くするために、7つのポイントを学習します。

1. 現在位置を示す
2. 情報を選択する
3. できるだけ図解する
4. グラフを見やすく作る
5. 表を見やすく作る
6. 適切な色合いを使う
7. アニメーションを使う

1 成功するプレゼンへの道	2 プレゼンの準備(6W2H)	3 内容構成技術	4 スライド作成技術
5 デリバリー技術	6 理解度を高める英語技法	7 覚えておきたい定型の英語表現	8 プレゼンの基本フォーム

1 現在位置を示す

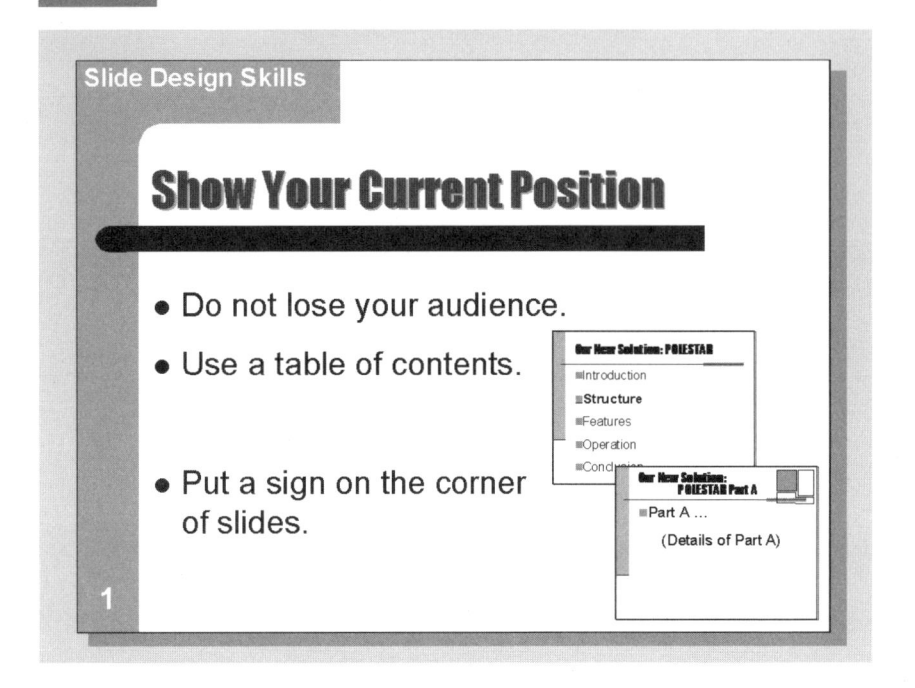

Slide Design Skills

Show Your Current Position

- Do not lose your audience.
- Use a table of contents.
- Put a sign on the corner of slides.

Our New Solution: POLESTAR
- Introduction
- Structure
- Features
- Operation
- Conclusion

Our New Solution: POLESTAR Part A
- Part A ...
  (Details of Part A)

聴衆を迷子にしない

　プレゼンテーションが10分を超えると、プレゼンターが全体構成のどこを話しているのか、聴衆がわからなくなることがあります。まさに、聴衆が迷子になっている状態です。こうなると、「各スライドの話は理解できたが、全体として何が言いたいのかわからなかった」というようなプレゼンテーションになってしまいます。

　現在話している内容が、全体の中のどの部分かを、聴衆にしっかり意識させましょう。全体の流れが頭にあって、はじめて詳細が理解できます。「木を見て森を見ず」のようなプレゼンテーションにしてはいけません。

目次を使って現在位置を示す

　全体の中のどの部分を話しているのかを聴衆に意識させるためには、目次を活用するのがよいでしょう。目次を使ってプレゼンテーションのアウトラインを説明した後、目次の項目が1つ進むごとに、目次を再度見せるのです。次に話すトピックだけを強調するような目次を用意すると効果的です。

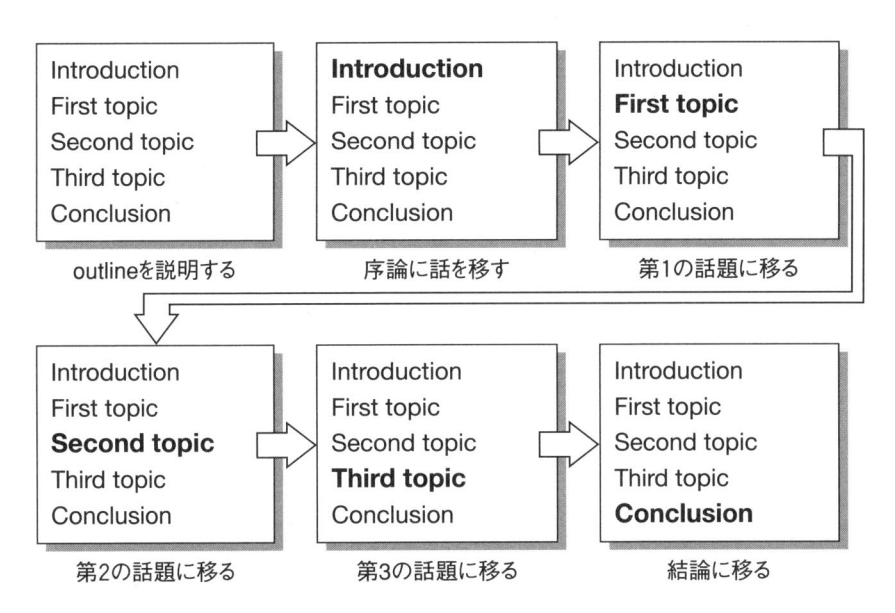

Introduction First topic Second topic Third topic Conclusion	**Introduction** First topic Second topic Third topic Conclusion	Introduction **First topic** Second topic Third topic Conclusion
outlineを説明する	序論に話を移す	第1の話題に移る

Introduction First topic **Second topic** Third topic Conclusion	Introduction First topic Second topic **Third topic** Conclusion	Introduction First topic Second topic Third topic **Conclusion**
第2の話題に移る	第3の話題に移る	結論に移る

　こうすると、トピックの切れ目が明確になります。また、そのたびごとに全体構成を再確認できます。まさに、「木を見て森を見る」プレゼンテーションとなります。

　しかし、目次を使った現在位置の確認は使いすぎるとうるさく感じます。スライドを1枚説明しては目次で確認することの繰り返しでは、効果も薄れます。詳細の説明に集中できないので、森ばかり見えて木が見えにくくなります。

　目次を使って現在位置の確認をするかしないかは、約10分（スライド8〜10枚）を目安にしましょう。意外と短いとお思いかもしれません。しかし、使ってみるとその効果が理解できるはずです。

イラストを使って現在位置を示す

　同様に、1つのトピックをさらに複数のスライドに分けて説明するような場合でも、何番目を説明しているのかを示すとよいでしょう。たとえば、ある集合体を複数のパートに分けて、各パートをそれぞれ1枚のスライドで説明するような場合です。あるいは、時系列で複数の手順を示すような場合です。

　このような説明では、スライドの端にイラストを使って、今どこを説明しているかを示しましょう。イラストではなく目次を使うと、少し話してはすぐに、目次のスライドを表示しなければなりません。これでは、うるさく感じます。

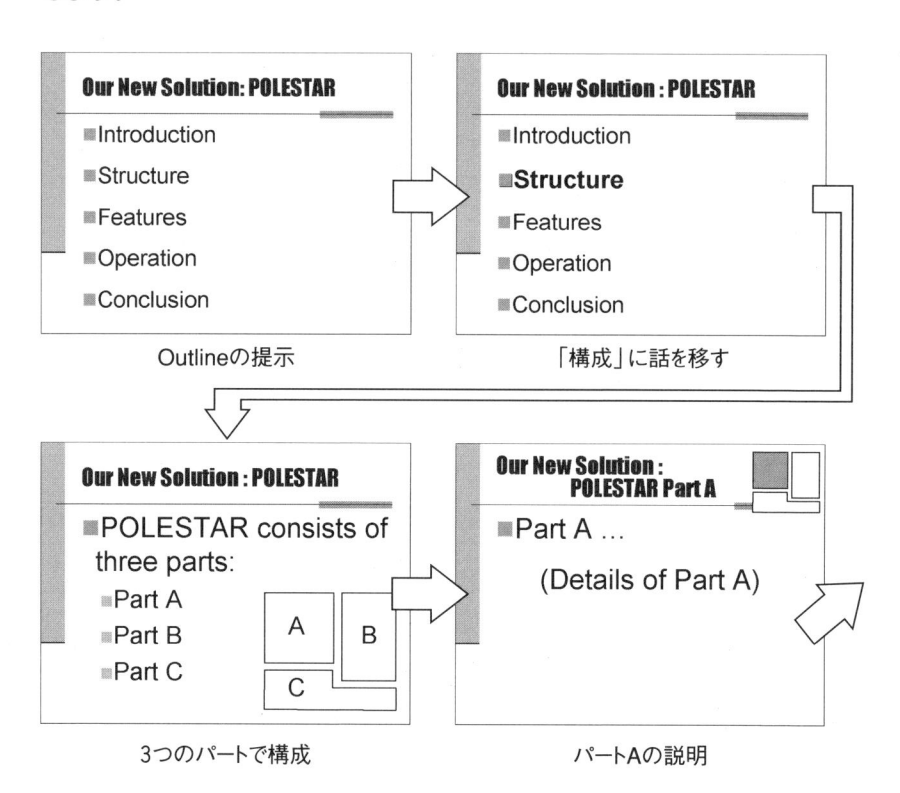

Our New Solution: POLESTAR
- Introduction
- Structure
- Features
- Operation
- Conclusion

Outlineの提示

Our New Solution : POLESTAR
- Introduction
- **Structure**
- Features
- Operation
- Conclusion

「構成」に話を移す

Our New Solution : POLESTAR
- POLESTAR consists of three parts:
  - Part A
  - Part B
  - Part C

3つのパートで構成

Our New Solution : POLESTAR Part A
- Part A ...

(Details of Part A)

パートAの説明

パートBの説明　　　　　　　　　パートCの説明

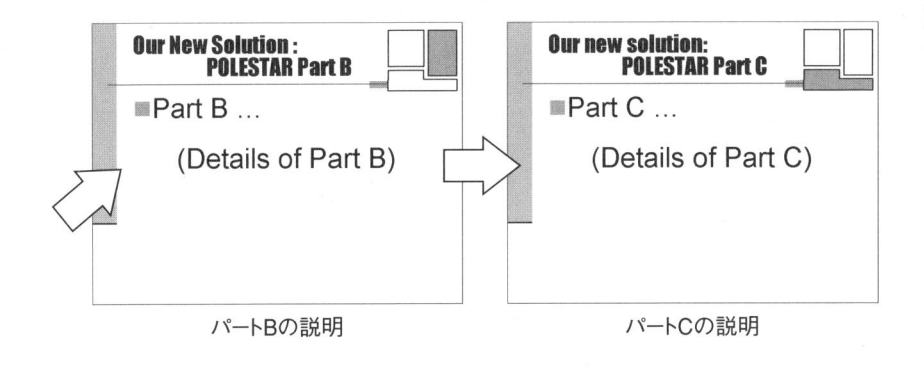

現在位置を示す図の例

　何番目を説明しているのかを示すイラストとしては、次のようなものがあります。

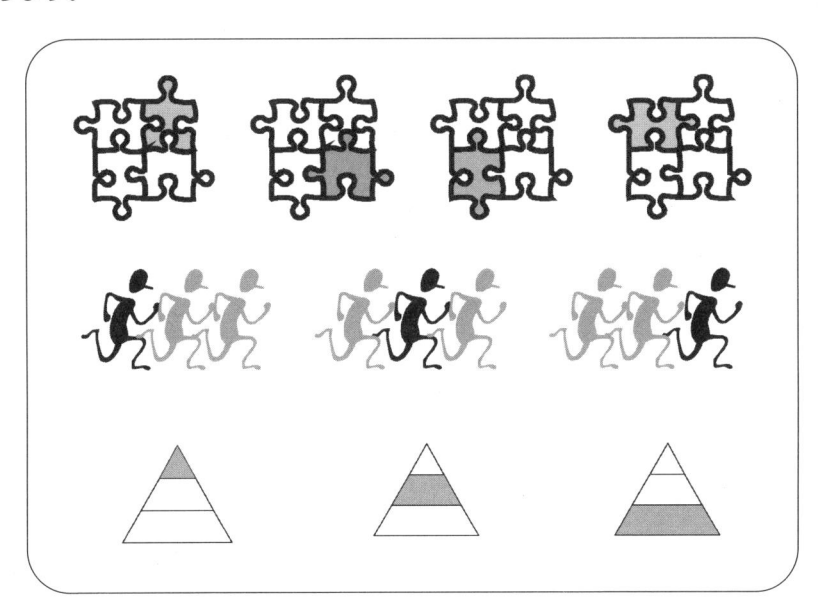

2 情報を選択する

Slide Design Skills

Narrow down Information

- State with key words, not sentences.
- One topic / one slide
- Remove unnecessary information.

Because long sentences are difficult to understand and not impressive, you should use only keywords on a slide. ➡ State with Keywords.

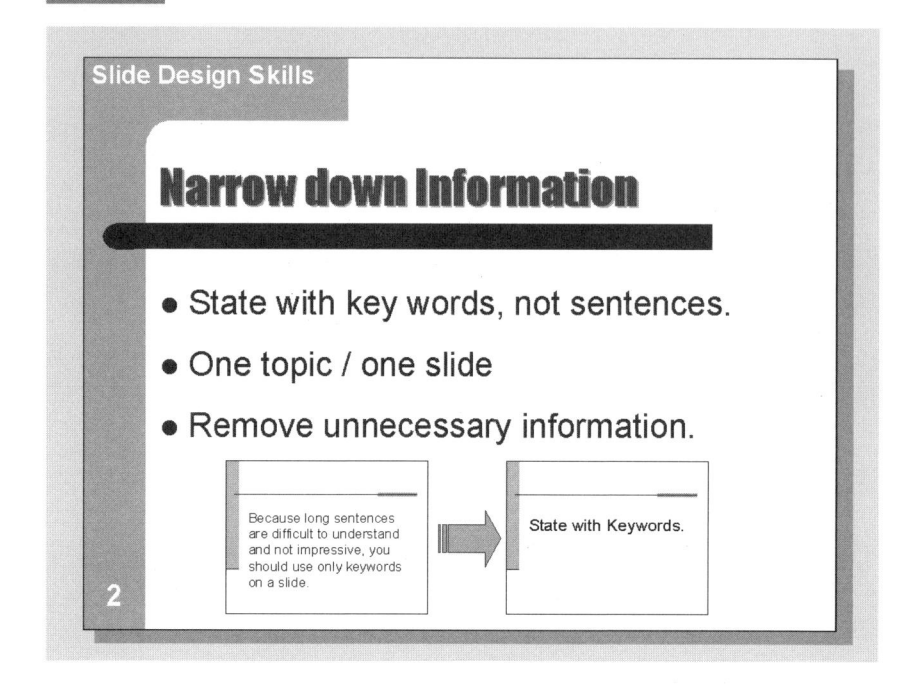

キーワードで書く

　スライドに書く文字は可能な限り減らします。伝える情報が同じなら、使う文字は少なければ少ないほど効果的です。文字が少ないと、次のような効果があります。

- ポイントが強調できる
- 文字を大きくできる
- 聴衆がスライドを読まず、プレゼンターを見るようになる
- プレゼンターがスライドを読まず、聴衆とアイコンタクトするようになる

　文字数を減らすためには、文ではなく、キーワードで書くようにします。名詞止めや形容詞止めで、キーワードだけで書きます。文で書かざるを得な

いときは、主語と述語だけのように、情報を伝えるのに最低限必要な構成にしましょう。特に、2行以上にわたることのないよう配慮します。

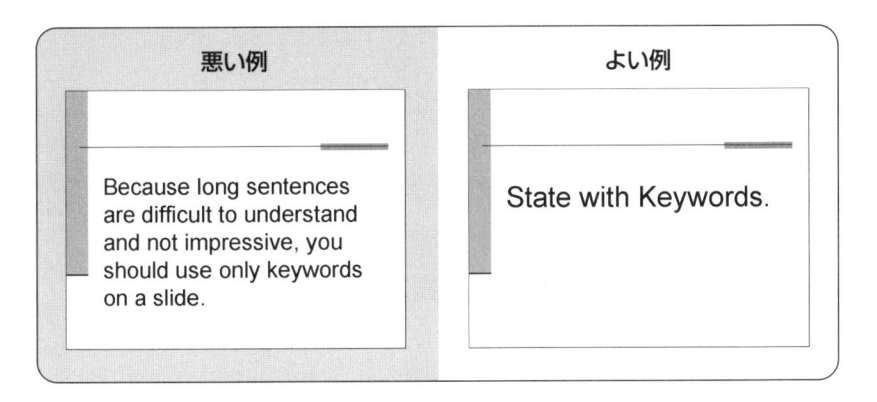

悪い例	よい例
Because long sentences are difficult to understand and not impressive, you should use only keywords on a slide.	State with Keywords.

1スライドは1トピックに絞る

　1つのスライドで述べることは1つです。あれもこれも詰め込んではいけません。1つのスライドで複数のトピックを述べると、ポイントがボケてしまいます。スライドのスペースに余裕があっても、別のトピックを詰め込んではいけません。

　1つのスライドに1つのトピックにした結果、スライドに余白ができすぎてしまうようなら、図を入れましょう。文字だけで述べるより、データを図式化して補足すれば、説得力が出ます。文字で述べようとしていることを図解すれば、わかりやすくなります（「できるだけ図解する」74ページ参照）。図はスペースを取るので、余白は埋まるはずです。

不要なことは書かない

　当然ですが、要点に関係ないことは書いてはいけません。不要なことを述べれば、それによって肝心な情報がボケてしまいます。各スライドのポイントを明確にして、それをサポートする情報だけを書き込みます。スライドのポイントが不明確だと、不要な情報を混入させがちです。

3 できるだけ図解する

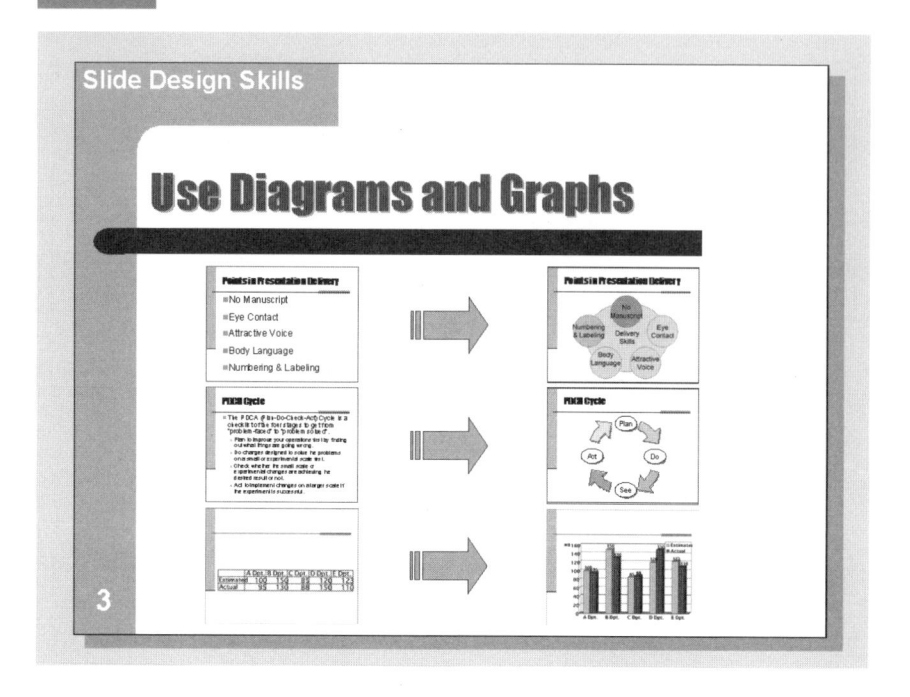

箇条書きは図にする

　箇条書きも図にすると印象が強まります。箇条書きにはメリハリがなく、視覚的にも訴えるものがありません。そこで、各項目を図形の中に書き入れ、項目ごとに色分けしたりします。これだけで、ずっと印象強くなります。箇条書きは楽ですが、ちょっとした手間をかければ、ずっと効果的なスライドになるのです。

　箇条書きを図にする場合は、ただ並べるだけではなく、項目の関係などを図解するとさらに効果的です。視覚的効果が高まるので、聴衆の印象に残りやすくなります。

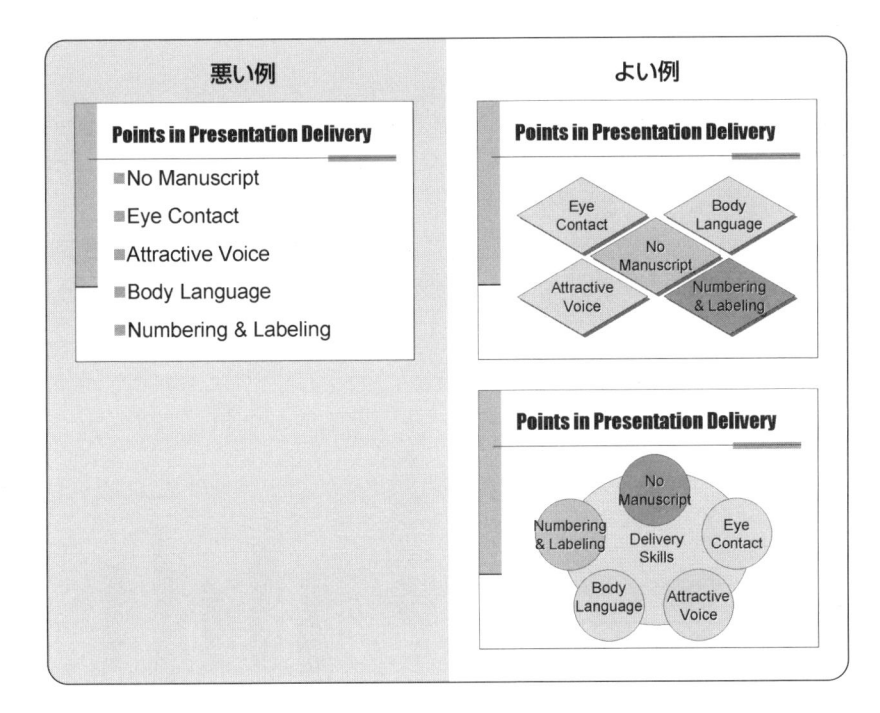

文章は図解する

　図解できるものは、すべて図解しましょう。文章で説明するより、視覚的に説明したほうが理解しやすくなります。図を示し、詳細は言葉で説明します。

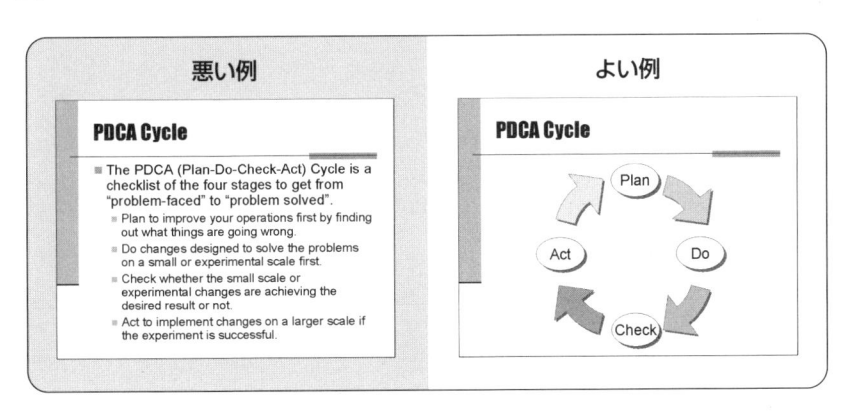

数値はグラフ化する

グラフ化できる数値は、すべてグラフにしましょう。適切なグラフを使えば、言いたいことが強調できます。たとえば、下記のグラフであれば、予算を大きく上回ったのがD部門だけであることが、ひと目でわかります。

表であれば、細かい数値まで示せますが、グラフでもある程度なら数値を示せます（下記の例参照）。また、数値をグラフに書き込まなくても、おおよその数値なら、グラフからでも読み取れます。

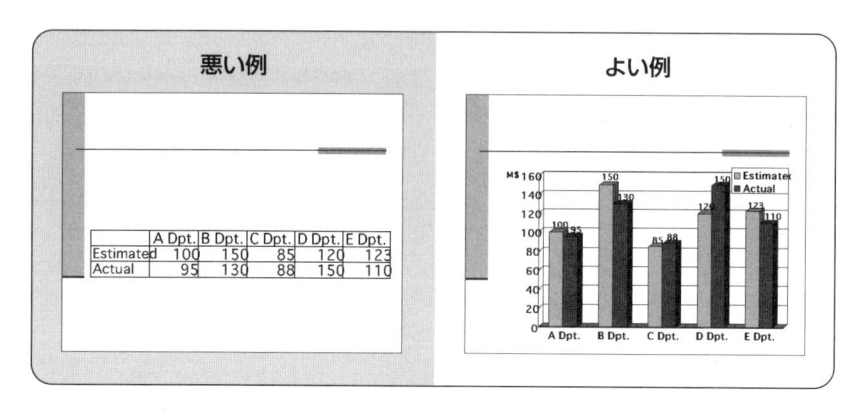

悪い例

	A Dpt.	B Dpt.	C Dpt.	D Dpt.	E Dpt.
Estimated	100	150	85	120	123
Actual	95	130	88	150	110

よい例

コラム
見せないのも工夫のひとつ

　スライドを見せないことも大事なテクニックです。説明内容に相当するスライドがないときは、スクリーンをブラックアウトしておきましょう。

　プレゼンテーション中に、説明内容に相当するスライドがないときはよくあります。たとえば、Q＆Aのときや、補足説明したり脱線したりして本筋から話がそれたときなどです。

　こんなときに、前のスライドをそのまま投影しっぱなしにしてはいけません。人は、余分なものが見えると気がそれるものです。スライドが投影されていれば、そのスライドが説明内容と関係がなくても、ついそのスライドに目をやってしまいます。それだけプレゼンターを見なくなりますので、訴求力も落ちてしまいます。見えるものと話が一致しないのですから、最悪、勘違いしてしまうことにもなりかねません。

　スライドを使わないときは、一時的にブラックアウトしましょう。PowerPointでブラックアウトするには、スライドショー中にBを押します。ブラックアウトから復帰するには、任意のキーを押します。なお、スライドショー中にWを押せばホワイトアウトすることもできます。また、OHPを使ったプレゼンテーションでは、OHPにスライドではなく紙を置けば、ブラックアウトできます。

　なお、ブラックアウトするためにプロジェクタの電源を切ってはいけません。プロジェクタは電源を入れても、投影できるようになるのに時間がかかります。プレゼンテーションに無意味な間ができてしまいます。また、オン／オフを繰り返すと、プロジェクタのランプが切れかねません。

4 グラフを見やすく作る

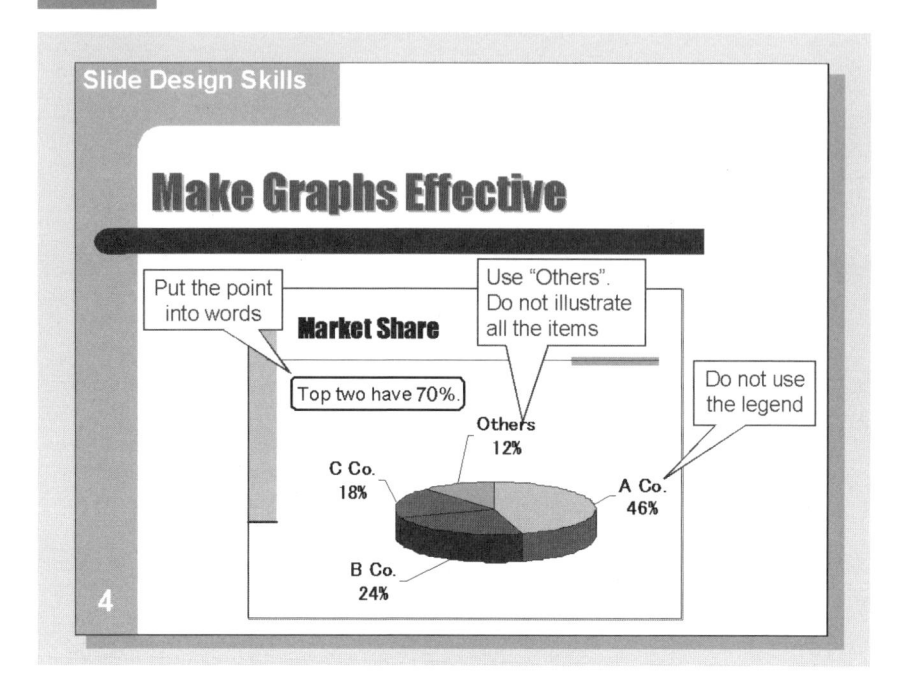

グラフで示したいことは言葉でも示す

　グラフや図を使って説明する場合は、ポイントを言葉でも示しましょう。グラフや図だけでは言いたいことが十分伝わりません。あるいは、聴衆が、プレゼンターの意図とは異なるポイントを読み取ってしまうかもしれません。グラフや図で示そうとしていることを明記することで、聴衆に印象付けます。

　このポイントは、できるだけスライドの上部の目立つところに配置します。その上で、まずそのポイントを述べてから、グラフや図の説明に入りましょう（「要点から話す」54ページ参照）。

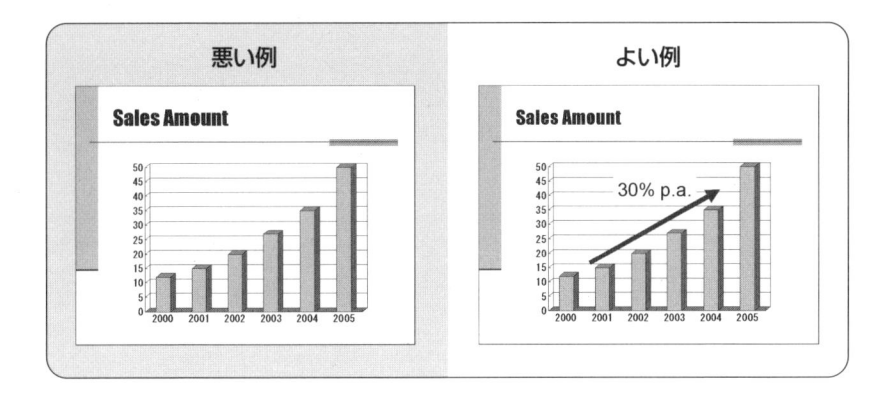

凡例はできるだけ使わない

　グラフでは、凡例をできるだけ使わないようにしましょう。凡例を使うと、グラフを読み取るために、グラフと凡例を交互に見なければなりません。凡例を使わずに、グラフに書き込めば、ひと目でグラフが理解できます。また、凡例がないので、それだけグラフを大きくできます。

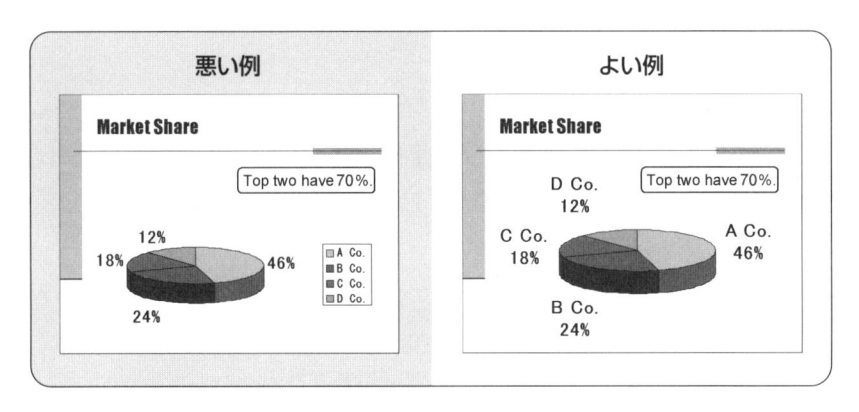

「そのほか」でまとめる

　グラフで、データの項目数が多いときは、重要でない項目を「そのほか」としてまとめましょう。グラフがすっきりします。それだけポイントも強調しやすくなります。項目数が多いままだと、項目名などが邪魔して、ポイントがわかりにくくなります。

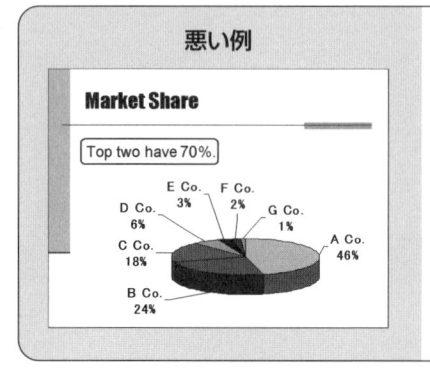

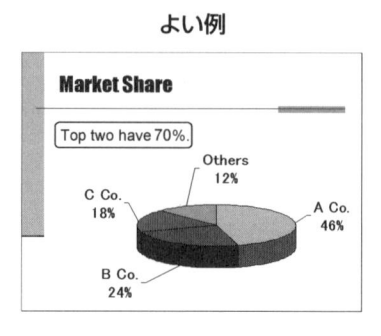

コラム
図表はリンク貼り付けが便利

　PowerPointのスライドに、すでにExcelで作ってある図表を使いたいときがあります。こんなときは、「リンク貼り付け」を使うと便利です。

　「リンク貼り付け」とは、もとのExcelの図表とリンクさせて貼り付けることです。もとのExcelの図表を修正すると、PowerPointの図表にも反映できます。また、PowerPointの図表をダブルクリックすると、自動的にもとのExcelの図表が起動して、両方を同時に修正できます。

　「リンク貼り付け」するには、まず、もとのExcelの図表をコピーします。次に、PowerPointで［編集］－［形式を選択して貼り付け］を選択します。表示されるダイアログボックスの左側にある「リンク貼り付け」をクリックして、［OK］ボタンをクリックします。

5 表を見やすく作る

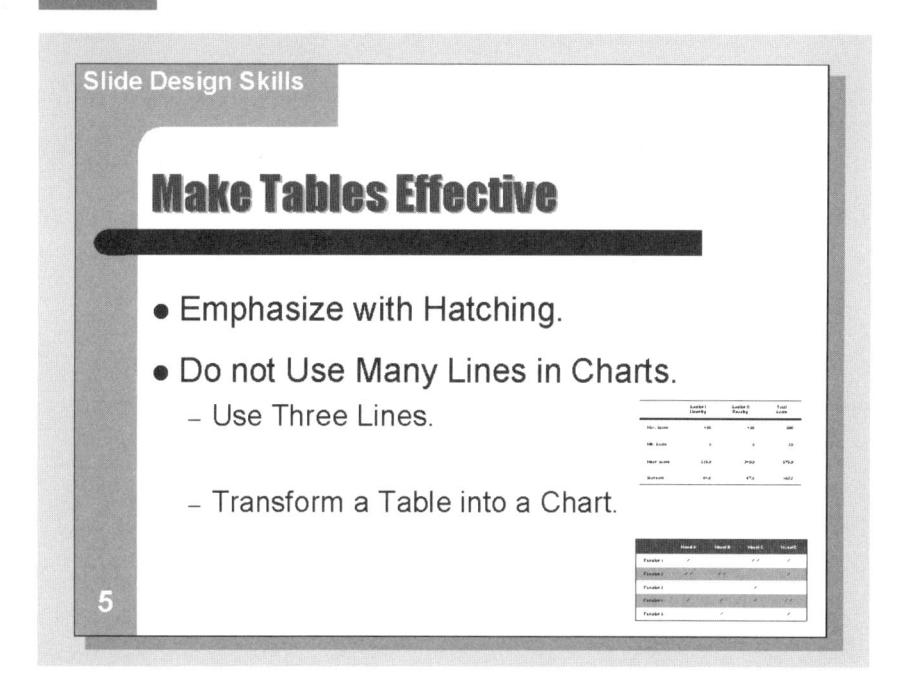

> **Slide Design Skills**
>
> # Make Tables Effective
>
> - Emphasize with Hatching.
> - Do not Use Many Lines in Charts.
>   - Use Three Lines.
>   - Transform a Table into a Chart.

大事な部分を強調する

　表を使って説明する場合は、ポイントとなるマス目を網かけや色塗りして強調しましょう。通常、表のすべてが大事ということはありません。表の中のある項目（＝マス目）が大事なのです。網かけや色塗りすることで、その項目を聴衆に知らせましょう。

　マス目のたくさんある大きな表で、スライドでは文字が判別できないほどマス目が小さいときは、この強調が特に大事です。聴衆は手元のハンドアウトで確認するはずですから、どこを見ればよいかを示してあげましょう。スライドは、表を見せるというより、むしろ、着目すべき場所を知らせるものと考えるべきです。

| 悪い例 | よい例 |

	2004	2003	2002
Revenue	$1,197,480	$1,119,484	$1,287,943
Income (loss) from operations	$101,172	$(9,964)	$160,579
Other income (expense), net	$(8,537)	$(15,599)	$(13,756)
Net income (loss)	$74,474	$(17,566)	$60,339
Total assets	$2,989,839	$2,817,902	$2,426,623

Emphasize with Hatching

	2004	2003	2002
Revenue	$1,197,480	$1,119,484	$1,287,943
Income (loss) from operations	$101,172	$(9,964)	$160,579
Other income (expense), net	$(8,537)	$(15,599)	$(13,756)
Net income (loss)	$74,474	$(17,566)	$60,339
Total assets	$2,989,839	$2,817,902	$2,426,623

罫線の使用は最小限に留める

　表を見やすくするコツは、罫線を全部引かないことです。表というと、縦横の罫線がすべて引かれているものを想像しがちです。しかし、罫線がすべて表示されている表は、意外と見にくいものです。

　表の罫線は、水平線を３本だけにします。表の始まりを示す線と、表の終わりを示す線と、見出し下の線です。見出し下の線は、ほかの２本より太くするか、二重線にすると効果的です。

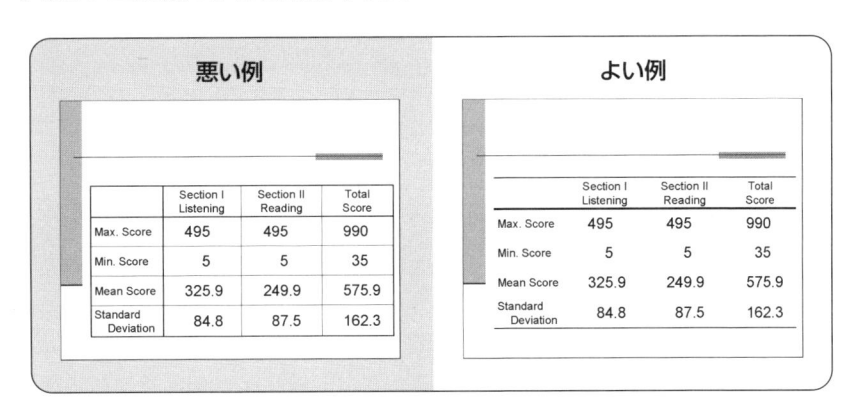

| 悪い例 | よい例 |

	Section I Listening	Section II Reading	Total Score
Max. Score	495	495	990
Min. Score	5	5	35
Mean Score	325.9	249.9	575.9
Standard Deviation	84.8	87.5	162.3

	Section I Listening	Section II Reading	Total Score
Max. Score	495	495	990
Min. Score	5	5	35
Mean Score	325.9	249.9	575.9
Standard Deviation	84.8	87.5	162.3

　罫線をまったく引かずに、行ごとに網かけや色塗りしてしまうのも効果的です。より視覚的な効果が期待できます。

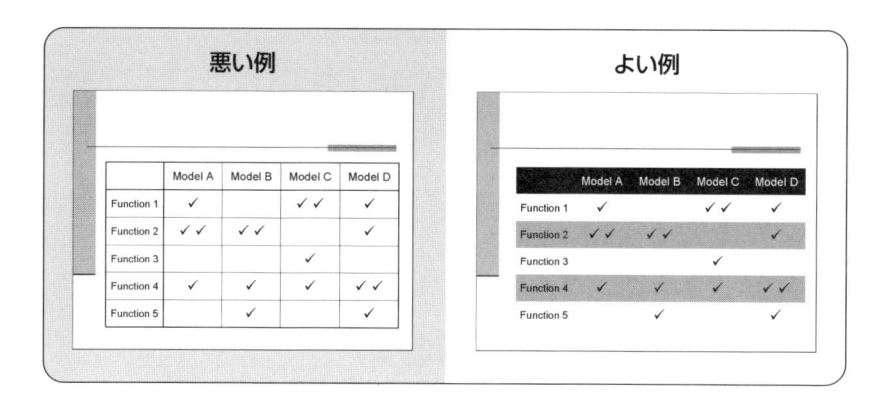

チャート化して視覚効果を高める

また、多角形を使ったチャートのような表も効果的です。視覚的効果が高いので、プレゼンテーションには有効です。

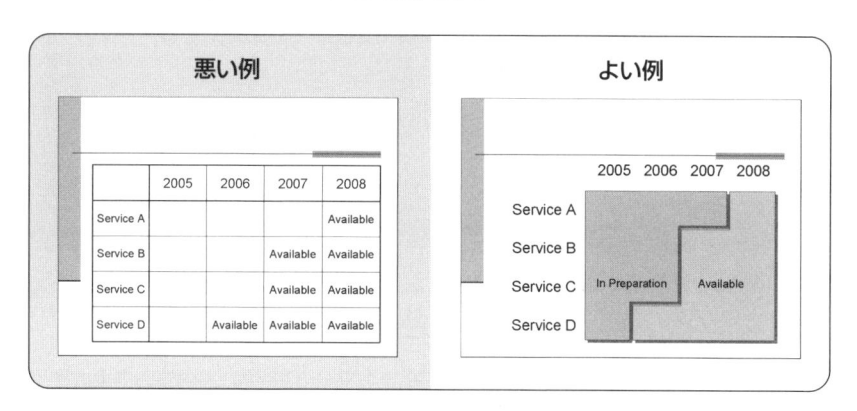

6 適切な色合いを使う

> **Slide Design Skills**
>
> ## Use Effective Colors
>
> - Colors on display differ from those on screen.
> - Slide images on a dark background differ from those on a light background.
> - Similar hues and brightnesses generate a unified image.
> - Colors include meanings.
>
> 6

パソコンとプロジェクタの色の違いに注意する

　パソコンとプロジェクタでは発色が違うので、パソコンで読めてもプロジェクタでは読めないことがよくあります。リハーサルではプロジェクタを使わないことも多いので、本番ではじめて読めないことに気がつくことも珍しくありません。スライドの文字が読めないのは、プレゼンテーションとしては致命的な問題です。

　PowerPointにデフォルトで用意されているテンプレートを使う限りは、特に問題はありません。しかし、文字の色を変えたり、背景の色を変えたりすると、問題が生じることがあります。

　強調のために文字を赤くするときは特に注意してください。背景が暗い場合、赤い文字はプロジェクタでは読めません。パソコンで見る限りはまったく問題ありませんが、プロジェクタでは背景に埋もれてしまいます。赤い文

字は、薄い色の背景でしか使えません。

　テキストボックスなど、自分で背景色を設定する場合も注意しましょう。背景色には薄い色（黄色、薄い水色など）か濃い色（黒や濃紺）だけが使えます。中途半端な色（青や緑）を背景色にすると、文字が埋もれて読めなくなります。薄い色を背景色に設定するときは特に注意が必要です。思い切って薄くしないと、背景色に負けて文字がつぶれてしまいます。

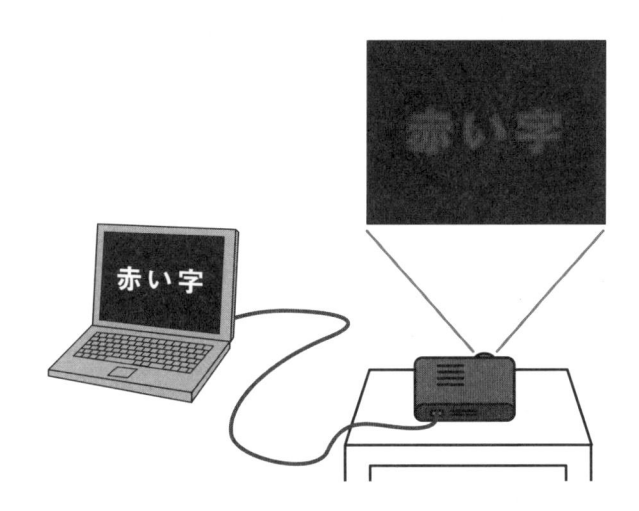

スライドの背景の明暗を使い分ける

　スライドの背景色で、全体のイメージが変わります。イメージを知った上で使い分けるとよいでしょう。

　背景が暗いと落ち着いた雰囲気が出ます。欧米でのビジネス・プレゼンテーションで好まれます。特に、ビジネスショーのような公のプレゼンテーションでは、ほとんどが暗い背景のスライドです。

　一方、背景が白いと、スライドに凝らないプレゼンテーションのイメージを与えます。スライドに凝らない人は、テンプレートも使わず、背景を白のままにする場合が多いためです。したがって、ビジネスでの軽いプレゼンテーションや学会などでは、背景が白いスライドが多数派です。

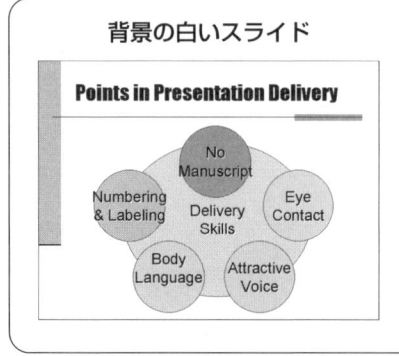

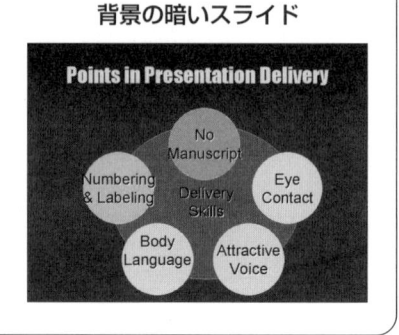

背景の白いスライド　　　　　背景の暗いスライド

背景が暗い場合、プロジェクタの性能に注意が必要です。旧式のプロジェクタで、映像が暗いと、背景が暗いスライドは見にくくなります。背景が白いスライドのほうが、無難といえます。

同系色でまとめる

　スライドの色には統一感を持たせましょう。PowerPointのテンプレートを使ってスライドを作成すれば、おおむね統一感のある色合いになります。自分で色を設定するときは、ほかの色とぶつかるような色はできるだけ避けます。色の使いすぎも避けましょう。

　統一感があればこそ、その統一を破る色を使うと目立つのです。色に統一感がなく、多くの色が使われていると、色による強調がしにくくなります。あちこちに原色が使われていると、聴衆はどこが強調ポイントかわからなくなります。

同じ明るさの異なる色で塗り分ける

　領域を塗り分ける場合は、同じ明るさの異なる色を使うと、統一感が出ます。明るさの異なる色を並べると、色がぶつかってセンスが悪く感じられます。同じ明るさの異なる色を指定するには、PowerPointの「塗りつぶし」ボタンで「その他の色」を選択し、表示される「色の設定」画面で、「ユーザー設定」タブをクリックします。「カラーモデル」で「HSL」を選択して、「色合い」の値だけを変更します。

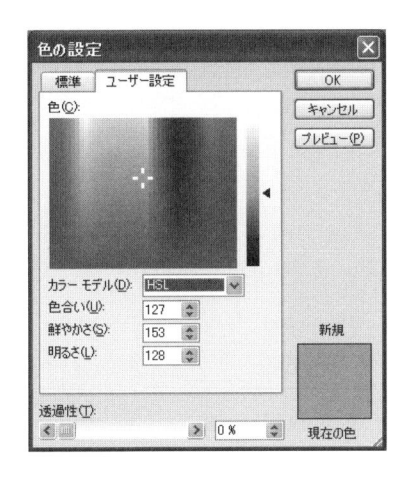

色の与える印象を考慮する

　色によっては、特定の印象を与える場合があります。赤やピンクの暖色系は、「暖かい」、「活発な」というイメージを与えます。一般的にはプラスイメージの色です。一方、青や水色の寒色系は、「冷たい」、「冷静」というイメージを与えます。一般的にはマイナスイメージの色です。

　また、次のような色は、特定の意味を持つ場合があります。

- ■ 赤　　　：禁止
- ■ オレンジ：警告
- ■ 黄色　　：注意
- ■ 青、緑　：OK

ハンドアウトの色にも配慮する

　スライドの色だけではなく、ハンドアウトを白黒印刷するときは、ハンドアウトの印刷具合も確認しましょう。カラーでは判別できた文字や図形が、白黒印刷になると、真っ黒につぶれて判別できないことがあります。必ず、印刷後に仕上がりを確認しましょう。

　パソコン上からも白黒印刷のイメージを確認できます。PowerPointのプルダウンメニューで「表示」→「カラー／グレースケール」→「グレースケール」を選択すれば、画面が白黒印刷のイメージに変わります。もし、文字

や図形が真っ黒につぶれているようなら、スライドの色を変更しましょう。あるいは、グレースケール表示したときに表示される「グレースケール　ビュー」のメニューで「設定」を押して、「明るいグレースケール」を選択すると、真っ黒にならずに判別できるようになることがあります。

悪い例

　吹き出しの背景色が濃いために、白黒印刷時に文字がつぶれてしまった例です。

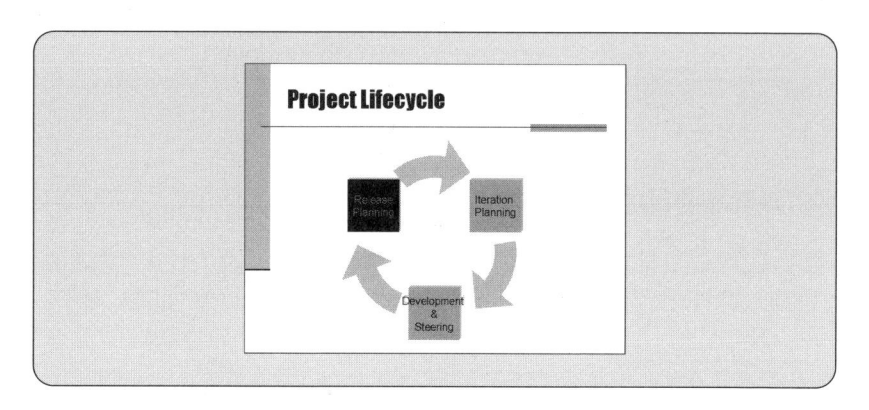

7 アニメーションを使う

> **Slide Design Skills**
>
> ## Use Effective Animation
>
> - Use animation to help the audience understand.
>   - One by one
>   - Focusing
>   - General to particular
> - Match the animation flow with the story flow.
> - Animate a series of items with equal layout.

アニメーションの効果で理解を促す

　アニメーションは、効果的に使うと聴衆の理解を促します。従来のOHPによるプレゼンテーションにはない、電子プレゼンテーションならではの効果です。アニメーションを使うと以下のようなメリットがあります。

- 話している箇所を強調できる
- ポインターを使う必要がない
- 流れや動きも表現できる
- マスキング（わざと隠すこと）も容易

　アニメーションを使うことは、プレゼンテーションでは重要なポイントです。「プレゼンテーションは内容で勝負だから、見せかけだけを派手にするアニメーションは不要」と考えている方もいますが、これはおかしな考え方

です。アニメーションはプレゼンテーションを派手にするために使うのではありません。聴衆の理解を促すために使うのです。その目的と前述の効果を考えれば、デリバリー技術以上に大事なポイントです。

アニメーションを使いこなす

アニメーションには、いろいろな種類がありますが、理解の助けになるものを使いましょう。

理解の助けにならないアニメーション
スライドの切り替え時に視覚的な効果を入れたり音を出したりする
クリップアートを動かす

理解の助けになるアニメーション

箇条書きを1つずつ表示する	→	説明箇所を強調
話にあわせて焦点を移動する	→	説明箇所を強調
概要から詳細へと表示する	→	理解しやすさの向上
図を説明順に表示する	→	全体の動きや流れを強調

このほかにも、理解の助けになるアニメーションがあります。たとえば、説明の終わった箇条書きは淡い色に変更したり、強調したいときに点滅させたりするなどです。いずれにしろ、アニメーションは、演出ではなく理解のために使います。

箇条書きを1つずつ表示する

箇条書きを使って説明する場合は、基本的にアニメーションを使いましょう。どの項目を説明しているのかが一目瞭然です。ポインターで指し示す手間も省けます。また、まだ説明していない先の項目が目に入らないので、聴衆の気がそがれるのを防止できます。

箇条書きのアニメーションでは、説明の終わった項目を淡い色に表示させることもできます。この設定をしておけば、どの項目を説明しているのかがよりわかりやすくなります。

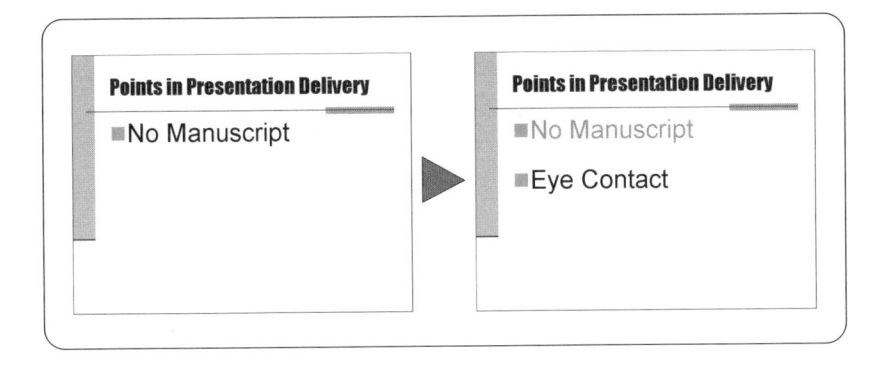

話にあわせて焦点を移動する

　図を使って説明しているときは、説明している箇所をアニメーションでハイライトとすると効果的です。ポインターで指し示すよりはるかに視覚効果が高まります。

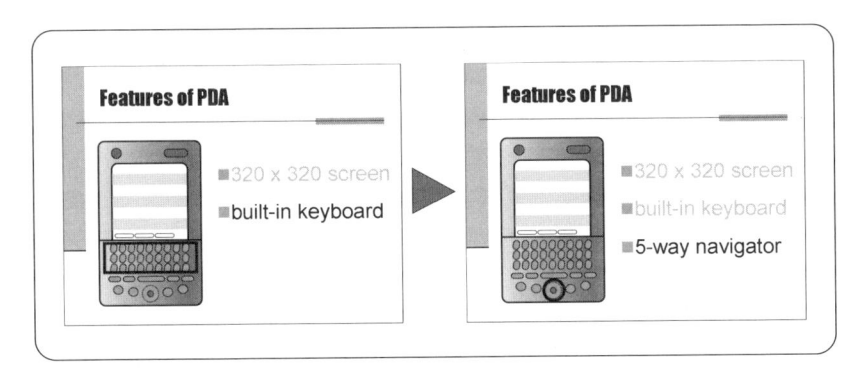

概要から詳細へと表示する

　全体を示してから詳細な説明に移行する場合もアニメーションが便利です。たとえば、3つの構成要素を示して、各構成要素を1つずつ説明しようとする場合を考えてみましょう。構成要素を、いきなり1つずつ詳しく説明するより、各構成要素をすべて紹介してから、1つずつ詳しく説明したほうがわかりやすくなります。アニメーションも、各構成要素を表示してから、詳細説明を表示するよう設定しておきます。

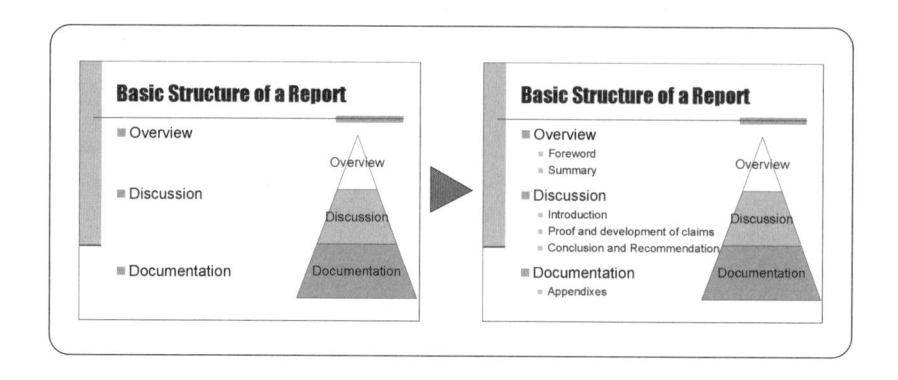

図を説明順に表示する

　図を説明するときも、説明順にアニメーションで表示しましょう。すべてが最初から表示されていると、図がごちゃごちゃしてわかりにくくなります。また、説明していない箇所が目に入ると、聴衆の気がそがれてしまいます。

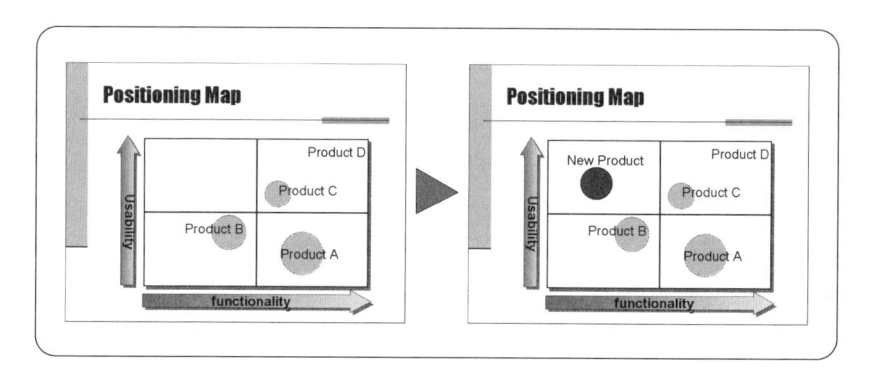

アニメーションの方向と説明の方向を合わせる

　アニメーションを使うときは、動かす向きにも注意を払います。スライドにおける話の展開方向と、アニメーションの表示方向を一致させましょう。たとえば、項目を上から順に説明しているのに、アニメーションが下から表示されるようになっていると、おかしな印象を受けます。

悪い例 / よい例

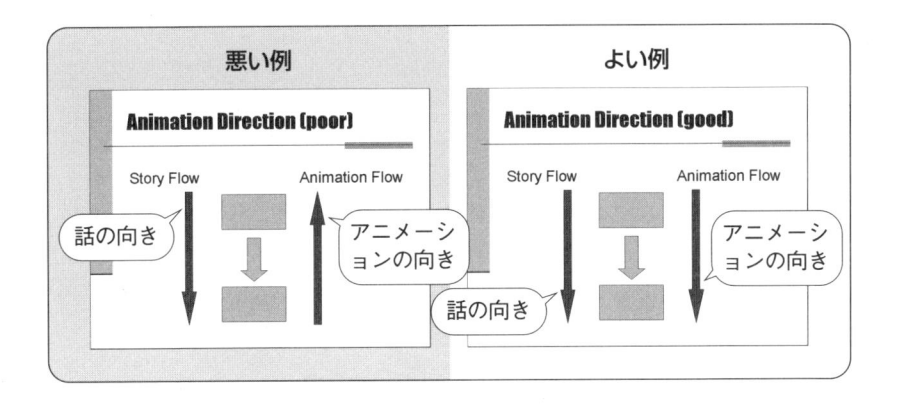

Animation Direction (poor)
Story Flow / Animation Flow
話の向き / アニメーションの向き

Animation Direction (good)
Story Flow / Animation Flow
話の向き / アニメーションの向き

アニメーションのデメリットにも配慮する

　アニメーションは、使いすぎるとうるさく感じます。アニメーションは、あくまで聴衆の理解を促すために使いましょう。派手なアニメーションで聴衆の気を引くことは、慎んだほうが無難です。ときとして失笑すら買いかねません。

　アニメーションを使うと、プレゼンター自身がスライドの終わりを認識しにくくなります。たとえば、項目を1つずつアニメーションで表示する場合、次にまだ項目があるのか、それとも現在表示している項目が最後で、クリックすると次のスライドが表示されるのか、プレゼンター自身がわからないのです。

　その結果、次のスライドを表示しようと思ったら、まだ説明していない項目が表示されたり、次の項目を表示しようと思ったら、次のスライドに行ってしまったりするときがあります。

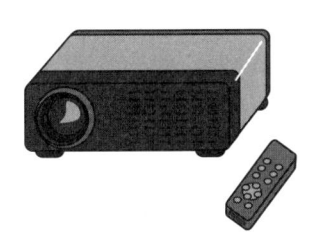

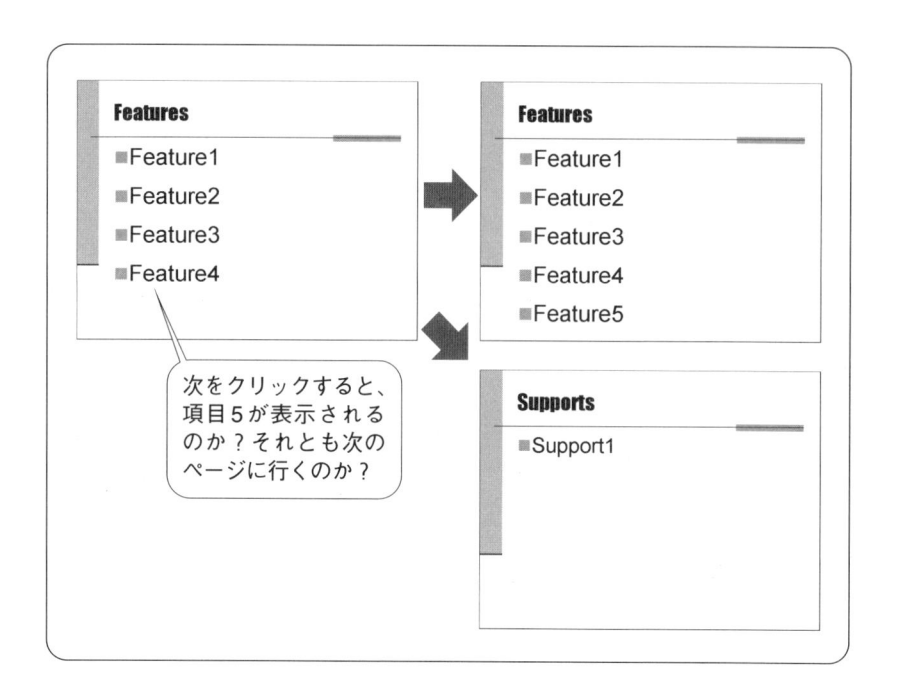

箇条書きを上下で均等割り付けする

　このようなときは、箇条書きの項目を上下で均等割り付けします。スライド下部に余白のあることが、まだ表示していない項目があることを意味するようにするのです。これによりプレゼンターは、スライド下部に余白のある限り、次のスライドに移ることがないことを知ることができます。

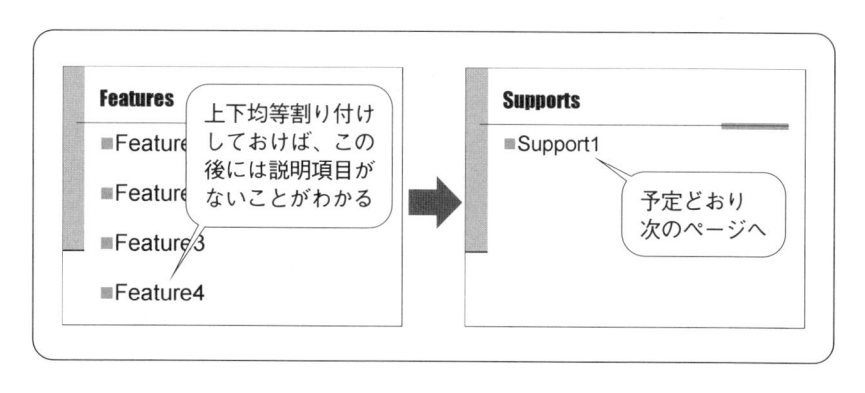

箇条書きの項目が少ないために、上下で均等割り付けすると間が抜けた感じのする場合は、クリップアートを使います。最後の項目といっしょにクリップアートを表示させるようにしておけば、最後の項目であることがわかります。

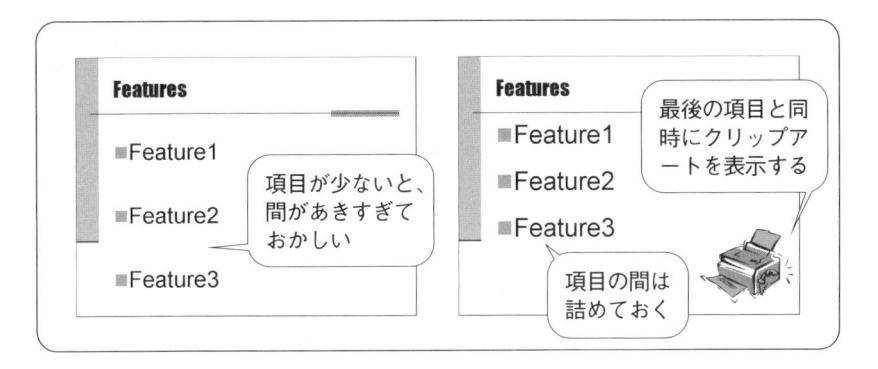

```
Features
　■Feature1
　■Feature2
　■Feature3
```
　　　項目が少ないと、
　　　間があきすぎて
　　　おかしい

```
Features
　■Feature1
　■Feature2
　■Feature3
```
　　　最後の項目と同
　　　時にクリップア
　　　ートを表示する

　　　項目の間は
　　　詰めておく

バージョンによる互換性に注意する

　アニメーション機能は、ソフトウェアのバージョンによっては互換性がないこともあるので注意が必要です。たとえば、PowerPoint2002以降とPowerPoint2000以前では、完全には互換性がありません。PowerPoint2002以降で設定したアニメーションは、PowerPoint2000以前では正しく表示されません。プレゼンテーションの前には、ソフトウェアのバージョンを忘れずに確認しましょう。なお、下位バージョン（PowerPoint2000以前）を上位バージョン（PowerPoint2002以降）で実行するのであれば問題はありません。

コラム
PowerPointスライドショーのTips

PowerPointでスライドショー実行中には、次のような割り当てキーを覚えておくと便利です。

P	前のページへ
B/W	ブラック/ホワイトアウト
数字を入力後Enter	指定したページへジャンプ
Ctrl+A	ポインターを矢印に
Ctrl+P	ポインターをペンに
Ctrl+H	ポインターとボタンを消去
E	書き込みを消す

　同じPowerPointのファイルを、プレゼンテーションの目的により使い分けるには、目的別スライドショーが便利です。ひとつのファイルで、スライドの表示/非表示や表示順を任意に組み合わせて登録できます。つまり、30分用に作ったファイルを、スライドを削除したりすることなく、10分用や20分用にも再利用できるのです。用途に応じて手を入れたり、新たに別ファイルで保存したりする必要はありません。

　目的別スライドショーを登録するには、プルダウンメニューで「スライドショー」→「目的別スライドショー」を選択して、「新規作成」をクリックします。フォームに従って、表示したいスライドを選択して、順番を決めれば、登録は完了です。

　目的別スライドショーを実行するには、プルダウンメニューで「スライドショー」→「スライドショーの設定」を選択します。フォームの中の「目的別スライドショー」にチェックを入れて、実行したい目的別スライドショーの名前を選択します。

5 デリバリー技術

デリバリー技術は、聴衆の信用を得るために、またプレゼンテーションをわかりやすくするために重要です。話し方で聴衆が説得されるわけではありませんが、プレゼンターを信用できなかったり、話している内容を聞き取れなかったりすれば、プレゼンターが聴衆を説得するのは難しくなります。本章では、信用を得られるように話すために、また、わかりやすく話すために、7つのポイントを学習します。

1. 原稿を読まない
2. アイコンタクトを取る
3. 聴衆を惹きつける発声をする
4. ボディランゲージを使う
5. ポインターを効果的に使う
6. ナンバリング＆ラベリングを使う
7. よい雰囲気を作る

	2	3	4
成功する プレゼンへの道	プレゼンの準備 （6W2H）	内容構成技術	スライド作成技術

5	6	7	8
デリバリー技術	理解度を高める 英語技法	覚えておきたい 定型の英語表現	プレゼンの 基本フォーム

1 原稿を読まない

Delivery Skills

Do not Read Your Manuscript

- Make a manuscript to check your English.
- Do not read the manuscript.
- If you read the manuscript, the audience will not understand you, and will go to sleep.

原稿は作るが、読まない

　単語や表現を確認するために原稿を作りましょう。大事なプレゼンテーションなら、原稿作成は必須です。本番では単語や表現を選んでいる時間はありません。原稿を作っておかないと、単語がわからずオロオロしてしまったり、簡単な表現がとっさに思いつかずに難しい表現を使ってしまったりしかねません。

　しかし、その原稿を読んだり丸暗記したりしてはいけません。原稿は、単語や表現を確認するために作るのです。読み上げるために作るのではありません。本番では、万一の場合のお守りとして手元に置くぶんにはよいでしょう。読み上げてはいけません。原稿を読み始めたら、聴衆は間違いなく眠ると覚悟しておくべきです。

棒読みの英語は聞き取れない

　原稿を読むと抑揚がなくなるため、英語が聞き取れなくなります。英語の発音では、日本語以上に抑揚がキーになるのです。日本人の多く（著者もその一人）は英語の母音や子音の発音が苦手です。その上、抑揚がなくなれば、英語はまず通じません。

　英語に自信がない人ほど、原稿は読んではいけません。読みたくなる気持ちはわかります。しかし、原稿を読んだら最後、何も通じないと思うべきです。

原稿を読むと訴求力が落ちる

　原稿を読むと、自分の言葉にならないので訴求力も落ちます。これは、国会答弁を見れば実感できるでしょう。自分が作った原稿であっても、いったんそれを読んでしまうと、人が書いたものを読んでいるような印象を与えてしまうのです。

原稿を読むくらいなら、配ってしまう

　そもそも、原稿を読むくらいなら、その原稿を配ってしまったほうが効果的です。原稿を読んでもらったほうが、より速く、より正確に伝達できます。どうしても、原稿なしではスピーチできないなら、右図のようにノート欄に原稿を書き入れたスライドを印刷し、そのまま配ってしまいましょう。聴衆は、理解できない英語には耳をふさいで、原稿を読んで理解してくれることでしょう。

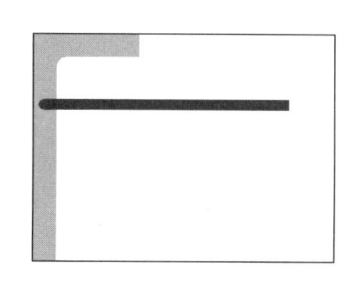

ハンドアウトのイメージ

スライドのノート欄に原稿を書き入れると、ここに印刷される

2 アイコンタクトを取る

Delivery Skills

Make Eye Contact

- Eye contact generates confidence.
- Five seconds per person.
- Persuade the audience, not the screen.
- If embarrassed, look at their mouths.
- Make eye contact with everyone in the audience.

目を合わすことで信頼を得る

　人は、説得したいとき相手の目を見て話します。言葉だけではなく、目でも訴えかけるものです。日常会話でも、真剣な話をするときや頼みごとをするときは、だれもが相手の目を見るはずです。

　逆に、話したくないことを話さなければならないときや嘘をつくとき、人は相手の目を見ません。たとえば、左遷や解雇を通知するとき、相手の目を見ては話しづらいものです。相手の目を見ずに話してしまったために、嘘がばれることはよくあります。

　プレゼンテーションでも同じです。プレゼンターが目を見て話しかけてくれれば、聴衆はプレゼンターを信頼します。目を見ずに話すと、聴衆は、「このプレゼンターは嘘をついている」、「このプレゼンターは説得しようという熱意を持っていない」と感じてしまうのです。

特に、欧米人は、一般に目を合わせて話をすることを好みます。プレゼンテーションではもちろん、通常の会議のとき、あるいは握手するときもアイコンタクトは欠かせません。日本人どうしのときのような感覚でいると失敗します。意識してアイコンタクトをするようにしましょう。

1人5秒を目安とする

　目を見つめる長さは、1人につき5秒を目安にします。あまり長いと、聴衆はにらまれているような感じを持つので、逆効果です。あるいは、聴衆のほうが恥ずかしくなって、目をそらしてしまいます。逆に短すぎると、落ち着かない感じがします。

　聴衆が数人のときは、1人につき1文（one sentence）が目安です。少し長めになりますが、その分、語りかけている雰囲気が出ます。

スクリーンを見てはいけない

　原則として、スクリーンを1秒以上、見てはいけません。プレゼンターが説得すべきは聴衆で、スクリーンではありません。スクリーンに向かって話しても、効果はありません。

　しかし、日本人の多くは、アイコンタクトに慣れていないので、無意識にスクリーンに視線を送りがちです。人と目を合わせるのが恥ずかしいのです。スクリーンの文字を読むわけではないのに、視線を逃がすために、ちらちらスクリーンを見てしまいます。

　スクリーンを見るのは、そのスライドで話す内容を確認するためだけです。スライドに書いてあることを読み上げるのではなく、キーワードを黙読するのです。話すべき内容を確認したら、聴衆に向き直って、自分の言葉でその内容を話します。キーワードを黙読するだけですから、1秒あれば十分です。

　引用文などで、スライドの文章を読み上げなければならないときは、できればスクリーンではなく、パソコンの画面を見ましょう。スクリーンの文章を読むと、声が聴衆とは反対方向に発せられます。パソコンの画面を見て読み上げれば、声は聴衆のほうへ発せられます。それだけ聞き取りやすくなります。

目を見づらいときは口元を見る

　聴衆の目を見るのが、恥ずかしくてどうしてもできないときは、聴衆の口元を見ましょう。聴衆は、プレゼンターが目を見ていると勘違いしてくれます。特に、人前で話すことに慣れていない人は、最初から目を見て話そうとせず、口を見て話すとよいでしょう。

　また、聴衆の中に、自分に対して好意的な人を見つけるとアイコンタクトしやすくなります。聴衆を見渡せば、自分の話に、いちいちうなずきながら聞いている人がいるものです。そういう人を見つけて、その人を中心にアイコンタクトしましょう。その人ばかりを見てはいけませんが、自分の味方であればアイコンタクトするのも精神的に楽です。

偏りなく見る

　聴衆全体を見渡しましょう。会場を9分割してランダムに見渡したり、Z字を描くように見渡したりする方法が一般的です。どのような見渡し方をするにせよ、偏りなく全体を見渡すのが大事です。

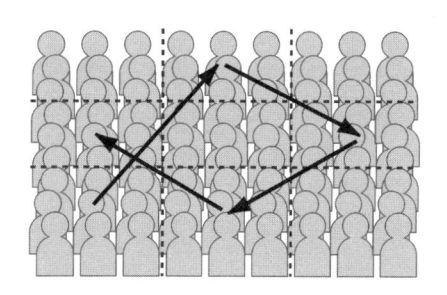

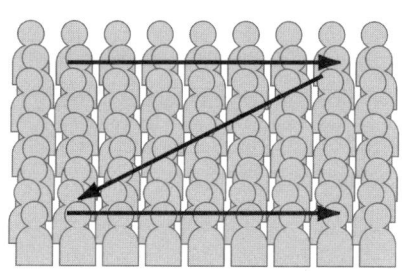

　特に気をつけたいのが、前列の左右端です。全体を丸く見渡すと、前列の左右端の人は、プレゼンターがこちらを見ていないと感じます。実際には、後列の左右端の人も見ていないのですが、遠いのでプレゼンターがこちらを見たような感じを受けます。前列の左右端だけが、見られていないと感じてしまいます。意識して、前列の左右端に視線を送りましょう。

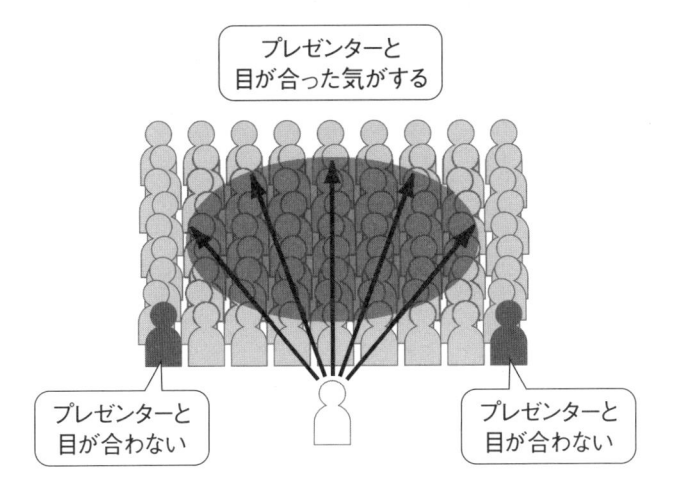

プレゼンターと
目が合った気がする

プレゼンターと
目が合わない

プレゼンターと
目が合わない

5 デリバリー技術

コラム
誤って広まったメラビアンの法則

　アイコンタクトやボディランゲージの重要性を伝えるために、メラビアンの法則というのが、しばしば引用されます。メラビアンという心理学者によると、相手に伝わる度合いは「態度」＝55％、「話し方」＝38％、「言葉」＝7％だというのです。

　しかし、これはメラビアンの調査を曲解した、誤った解釈です。メラビアンが調査したのは、「態度」、「話し方」、「言葉」が互いに矛盾した場合、どれを優先するかということです。けっして、各要素の伝達力を調査、論証しようとしたものではありません。

　メラビアンの法則は、プレゼンテーションの学習の中で、誤解されたまま広まってしまっています。言葉の影響力が7％なんてことはありません。

3 聴衆を惹きつける発声をする

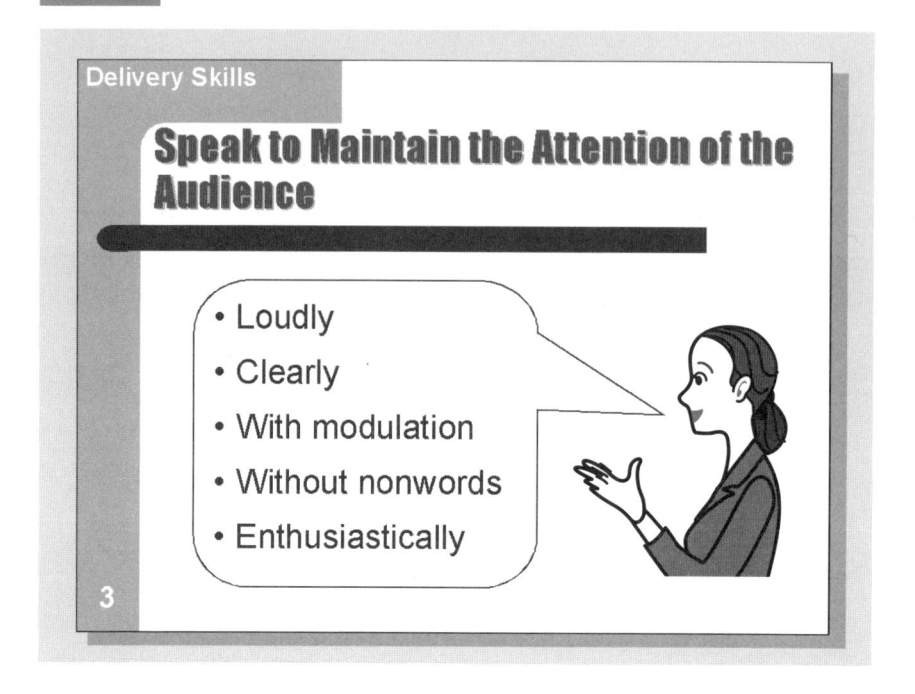

Delivery Skills

Speak to Maintain the Attention of the Audience

- Loudly
- Clearly
- With modulation
- Without nonwords
- Enthusiastically

大きな声で話す

　意識して大きな声で話しましょう。大きな声は、それだけで説得力や信頼感を生みます。また、存在感も増大させます。特に欧米人には、声の大きさをプラスに評価する傾向が強くあります。「意見がぶつかったら、最後は声の大きいほうが勝つ」くらいの意気込みで声を出しましょう。

　特に女性は、大きな声を強く意識しましょう。女性は、男性と比べると、一般に体格的にも生活習慣的にも大声を出しにくいです。少しでも気を抜くと、男性に比べて存在感が小さくなってしまいます。

　長時間のプレゼンテーションなら、事前に発声練習をしておくことをお勧めます。事前に声を出しておくと、本番で声が出やすくなります。カラオケで、1曲目より数曲目のほうが、声がよく出るのと同じです。いきなり大声を出すと、長いプレゼンテーションでは途中で声がかれかねません。

はっきりと話す

　意識してはっきり話しましょう。ボソボソ話すと、伝わりにくいばかりか、自信がない、気弱である、熱意がないと取られかねません。

　明瞭に発音するために、口を大きく動かしましょう。そもそも、英語は日本語に比べると口をより動かさなければ発音できません。普段の日本語を話す感覚で英語を話すと、英語らしくない発音になり、しかも不明瞭になります。

抑揚をつけて話す

　抑揚をはっきりつけましょう。英語の発音で最も大事なのは抑揚です。特に強弱の抑揚が大事です。日本語は高低の抑揚で話すため、日本人の多くは、強弱の抑揚が苦手です。しかし、強弱の抑揚ができないと英語はまったく通じません。

　母音や子音といった個々の発音は、強弱の抑揚の次と思ってください。LとRの区別がつかなくても、前後の内容でおおむねわかります。ミスコミュニケーションを生むことはほとんどありません。しかし、強弱の抑揚を間違えたり、抑揚なしで話したりすると、ミスコミュニケーションに直結します。

非言語なしで話す

　非言語はできるだけなくしましょう。非言語とは、言葉に詰まったときに出る、"ah"、"uh" という意味のない発声です。たまに出る程度ならかまいませんが、あまり多いと聞き苦しくなります。

　非言語をなくすには、何よりもリハーサルが大事です。次の言葉がすらすら出ないから非言語が出るのです。リハーサルを繰り返せば、非言語は自然と減ります。

　また、あわてずゆっくり話しましょう。時間に追われたりして早口になると非言語は出やすくなります。あわてて早口で話している上に、非言語が多いとかなり聞き取りにくくなります。ゆっくり話すよう心がけましょう。

　とはいうものの、非言語を意識するあまり、自分本来のリズムでスピーチできなくなっては本末転倒です。プレゼンテーションのトレーニングでは、非言語を目の敵にして、回数を数える講師がいますが、これはやりすぎです。

聴衆の理解の妨げにならなければ、非言語は問題になりません。むしろ、非言語を恐れるあまり、ペースを崩してしまうほうがマイナスです。

> プレゼンは「おはよう」で！
> お：大きな声で
> は：はっきりと
> よ：抑揚つけて
> う：うー、あーなしで

熱意を持って話す

　発声について個々の注意点はあるものの、結局は熱意を持つことに勝る効果的な方法はありません。プレゼンテーションの内容を伝えたいという熱意があればあるほど、自然と声は大きくなるし、抑揚もつきます。プレゼンターに熱意がないと、小声でボソボソした発声になるのです。

熱意を持って話す

コラム
あがりを防ぐ

　あがってしまうのを防ぐには、経験を積むのが一番です。しかし、経験が浅くてもあがらないようにするにはどうしたらよいでしょう？それには、次の3点に気をつけるとよいでしょう。

◆ リハーサルする
◆ **熱意を持つ**
◆ リラックスする

　失敗しない自信ができるまでリハーサルを繰り返すことが、あがることへの効果的な防止策です。「絶句してしまうのでは」、「うまく伝わらないのでは」という不安が、あがりを招きます。とことんリハーサルすることで、このような不安を一掃しておけば、それだけあがりにくくなります。自信を持つことが何よりの特効薬です。

　熱く語れば、あがる暇はありません。「絶対説得してみせる」、「うちの製品はこんなにすごいぞ」、「このサービスではどうだ！」という熱い気持ちがあれば、言葉が次々に湧いて出てきます。それだけ、あがりにくくなります。「プレゼンテーションなんかやりたくないのに」、「何で私がこんな役を」という後ろ向きの姿勢で臨むと、言葉が続かず、あがってしまいます。

　後は、壇上でいかにリラックスできるかでしょう。リラックスするためには、コーヒーを事前に飲んだり、好きな音楽を聴いたりといろいろ方法があります。しかし、一番よい方法は、聴衆の中に味方を見つけることです。味方とは、プレゼンテーションを好意的に聞いてくれる人です。自分のプレゼンテーションを納得しながら聞いてくれる人の顔を見ると、不思議と緊張が解けてきます。

4 ボディランゲージを使う

Delivery Skills

Use Body Language

- Don'ts
- Do

4

ボディランゲージは聴衆の理解を助ける

　ボディランゲージは視覚的に理解を助けてくれます。プレゼンターの動作が、大事な箇所を印象付けてくれるのです。耳だけでなく目からも情報を入力できるので効果的です。

　また、聴衆の緊張が落ちるのも防げます。動きのないものを凝視し続けるのは苦痛なものです。プレゼンターが動くことで、聴衆は緊張を持続できます。

してはならないしぐさを知る

　次のような姿勢は、聴衆に悪いイメージを与えるので避けたほうがよいでしょう。

ポケットに手を入れる

この姿勢は、尊大で威圧的な印象を与えます。リラックスしてくると、あるいはリラックスしようとして、ポケットに手を入れて話す人がいますが、聴衆はプレゼンターほどリラックスしてくれません。

腰に手を当てる

この姿勢も、尊大で威圧的な印象を与えます。

前で手を組む

この姿勢は、貧弱な印象を与えます。日本人の文化からすると、お行儀のよい姿勢ですが、欧米人には通用しません。

後ろで手を組む

この姿勢も、尊大で威圧的な印象を与えます。軍隊をイメージさせます。日本の学校教育でよく使われる姿勢であるため、日本人にはなじみがありますが、好ましくありません。

いずれの姿勢も、手がロックされてしまうので、ボディランゲージがしにくくなります。その結果、同じ姿勢で話し続けるようになります。聴衆に悪いイメージを与えるだけでなく、ボディランゲージを使いにくくするという点からも、このような姿勢を取るべきではありません。

自然な姿勢でまっすぐ立つ

まず、自然な姿勢でまっすぐ立ちます。足を肩幅に開き、手は両脇にまっすぐ下ろしておきます。この姿勢が基本形です。

この基本姿勢で話せば、ボディランゲージは自然にできます。普通、同じ姿勢で話し続けると苦痛に感じられるので、意識しなくても手が動くのです。自然なボディランゲージができます。

手をロックしないように気をつけましょう。前述の「してはならないしぐさ」のほか、指示棒を両手で持つ、演台を両手でつかむなどです。このような動作は、手をロックしてしまうので、手がそこからなかなか離れなくなります。その結果、ボディランゲージができなくなります。

意識してボディランゲージを使う

　慣れてきたら意図的なボディランゲージを使いましょう。「売り上げが伸びる」と言って手を下から上に上げたり、「3つあります」と言って指を3本立てたりするような動作です。あくまで自然に動くことが大事です。意識しすぎるとギクシャクした、くさい動作を招きかねません。

　プレゼンターが場所を変えるのも効果があります。いつも同じ位置で話すのではなく、ときには聴衆に近寄ってみるのもよいでしょう。あるいは、聴衆の中に入っていって、問いかけたり、訴えかけたりするとよいでしょう。プレゼンテーションに変化がつきます。

5 ポインターを効果的に使う

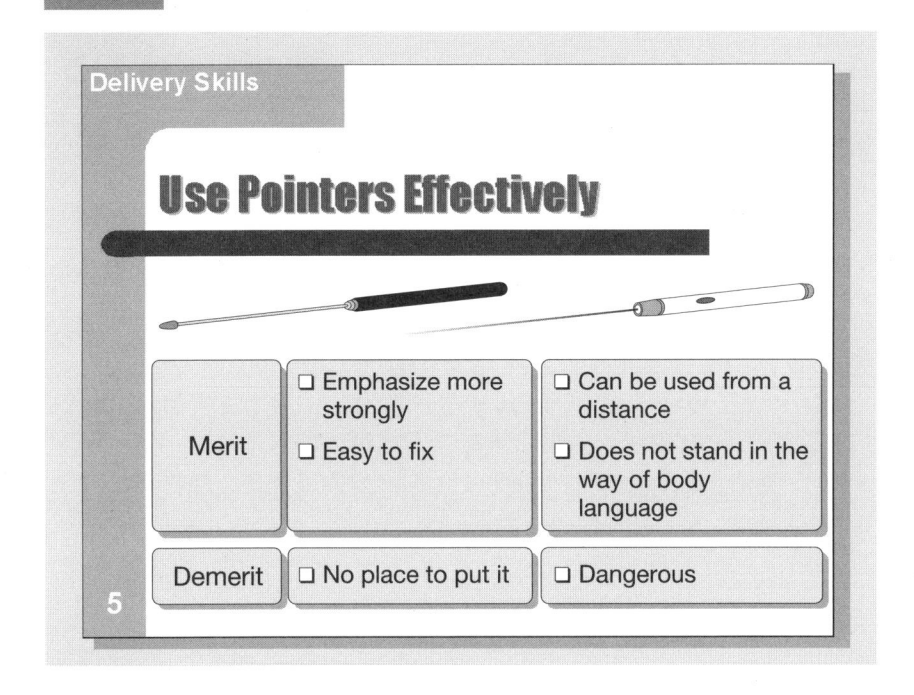

> **Delivery Skills**
>
> ## Use Pointers Effectively
>
> | | | | |
> |---|---|---|---|
> | Merit | ☐ Emphasize more strongly
☐ Easy to fix | | ☐ Can be used from a distance
☐ Does not stand in the way of body language |
> | Demerit | ☐ No place to put it | | ☐ Dangerous |

指示棒のよいところ、悪いところを知る

　指示棒は、レーザーポインターに比べて、よりはっきりと強調できます。指示棒は棒（＝線）で強調できますが、レーザーポインターはポイント（＝点）でしか強調できません。特に安価なレーザーポインターは出力が弱いので、少し離れると指示しているポイントが認識できないときもあります。

　指示棒は、固定しやすいのも便利です。スクリーンに軽く押し当てておけば、聴衆のほうを向いても指示棒がぶれることはありません。レーザーポインターは、慣れないと固定するのが難しく、揺れ動いてしまいます。まして、緊張していると、手の震えがそのまま、レーザーの震えとして聴衆に伝わってしまいます。

　しかし、指示棒は使わないときのやり場に困ります。長い棒を使わずに持ったまま話し続けるのは邪魔です。見た目もよくありません。といって、使

うたびごとに指示棒を伸ばしたり、縮めたりするのも煩雑です。さらに、指示棒を持ったままにしておくと、つい、無意味に伸び縮みさせてしまったり、肩をたたいてしまったりしてしまいがちです。

レーザーポインターのよいところ、悪いところを知る

　一方で、レーザーポインターは小型のため、やり場に困りません。手に持ったままで、ボディランゲージができます。指示棒は大きいため、指し示すとき以外に持っていると邪魔です。持ったままのボディランゲージにも大きな制限が生じます。

　また、レーザーポインターは遠くからでも使えます。演壇がスクリーンから離れているとき、聴衆の中に分け入って説明するときでも、問題なく指し示せます。これは、指示棒にはない大きな長所といえます。

　しかし、レーザーポインターのレーザーは目に当たると危険です。聴衆に向けてレーザーを照射しないよう気をつけなければなりません。レーザーポインターを使う場合は、プレゼンテーションの前にその使い方を確認しておきましょう。

Show-See-Speakで指示する

　ポインターを使う基本は、Show-See-Speakです。

> Show　：ポインターでスライドを指し示す
> See　　：聴衆に向き直る
> Speak　：説明する

　ポインターで指し示したら、聴衆に向き直るのがポイントです。指し示している部分を見つめてはいけません。ポインターの使い方に慣れておかないと、つい、スライドばかりを見つめてしまいます。その結果、アイコンタクトが取れなくなります。

使いすぎに注意する

　ポインターを使う上での一番の問題は、使いすぎてしまうことです。ポインターを手にしてしまうと、手にしている間中、使い続けてしまう人がいま

す。ポインターの使いすぎは、うるさくなって逆効果です。アニメーションを使って説明している限り、スライドのどこを説明しているかは一目瞭然です。したがって、ポインターで指し示さなければならない機会というのは、意外と少ないものです。

マウスカーソルで指し示さない

　マウスカーソルでスライドの部分を指し示さないようにしましょう。マウスカーソルは小さすぎて見えないので、ポインターの代わりにはなりません。何らかの理由で、ポインターが使えず、マウスカーソルで指し示さなければならないなら、ポインターを大きくするfreewareを使うとよいでしょう。インターネットを検索すれば、マウスカーソルを数倍に大きくするソフトウェアが無料で手に入ります。

コラム
ちょっといいレーザーポインター

　最近は、レーザーポインターも進化して、いいものが販売されています。
　その1つは、PowerPointと連動するレーザーポインターです。レーザーポインターにスライドを前後に送るボタンが付いています。パソコンのUSBに受信機を差し込むだけ、レーザーポインターでスライドの送りを制御できます。
　もう1つは、緑のレーザーを照射するレーザーポインターです。緑のレーザーは、従来の赤いレーザーに比べ、同じ出力でも人間の目には明るく見えます。明るいレーザーで、ポイントをより強調できます。ただし、ちょっとお高いのが残念です。

6 ナンバリング&ラベリングを使う

Delivery Skills

Use Numbering & Labeling

1　2　3

- Numbering
  - This product has three main features.
    - First, ...
    - Second, ...
    - Third, ...

- Labeling
  - There are three basic methods to test reliability:
    - test-retest
    - equivalent form
    - internal consistency.

ナンバリングする

　ナンバリングとは、番号を振りながら説明することです。列挙して述べるとき、まずいくつの項目があるかを述べ、その後、各項目に番号をつけて順に述べます。

　ナンバリングを使うと、聴衆は話を聞く心積もりができるので、プレゼンテーションが理解しやすくなります。また、各項目の境目がわかりやすくなります。さらに、その後の議論でも参照しやすくなります。

> 例：This product has three main features. First, … Second, … Third, …

ラベリングする

　ラベリングとは、小見出しをつけて話すことです。よく、ナンバリングとペアで使われます。番号を述べたら、まず、見出しを述べます。詳細な説明はそれからです。

　ラベリングを使うと、ナンバリングと同様に、聴衆は話を聞く心積もりができるので、プレゼンテーションが理解しやすくなります。また、その後の議論でも参照しやすくなります。

> 例：There are three basic methods to test reliability: test-retest, equivalent form, and internal consistency.

　ナンバリングもラベリングも、英語圏では頻繁に使われるスキルです。日本人は頭でわかっていても使えない人が多いようです。ナンバリングとラベリングを意識して使ってみましょう。

> There are three basic methods.

7 よい雰囲気を作る

Delivery Skills

Create a Friendly Atmosphere

- Look – Smile – Talk
- Start with a joke.
- Start with a question.

7

聴衆を味方につける

　第一印象は簡単には取り消せません。聴衆は、最初の2分でプレゼンターを評価します。この最初の2分が大事です。ここで失敗すると、挽回するのにかなり苦労します。

　まず、聴衆を味方にしなければなりません。そのためには、聴衆の興味を引き、リラックスさせることです。これには周到な準備が必要です。最初の2分に何を話すべきかは、しっかりと考えておきましょう。

Look-Smile-Talkで話し始める

　まず、笑顔で聴衆を見まわしましょう。それから話し始めるのです。つまり、Look-Smile-Talkの順です。どんな言葉より、笑顔が聴衆の緊張を解き

ます。聴衆をリラックスさせてから、聴衆の興味を引くことを話し始めましょう。

第一声は、意識して明るく大きな声を出しましょう。"Good afternoon, everybody." と、にこやかに大きな声で挨拶できるだけで、第一印象はずいぶん違うものです。この第一声だけでも意識してください。

ジョークから入る

最初にジョークから入るのも、聴衆をリラックスさせます。聴衆を味方につけるよい手です。特に欧米では、オープニングのジョークは必須であるかのようにすら感じるときがあります。

ジョークを言うなら、自分をネタにするのが無難です。他人をネタにしたジョークは危険です。本人やその関係者が聴衆にいるかもしれません。また、どこからか仕入れてきたジョークも避けたほうがよいでしょう。よほどお笑いのセンスがない限り、他人の作ったジョークで人を笑わせるのは至難の業です。

万一、ジョークが受けなかったとしても、めげてはいけません。プレゼンターがジョークの失敗でうろたえると、場に気まずい雰囲気が流れます。ジョークが受けなくても笑い飛ばすような明るさが、聴衆を味方に引き入れます。

質問する

ジョークが苦手な人は、質問から入るとよいでしょう。一方通行のコミュニケーションより、双方向のコミュニケーションのほうが、聴衆の緊張を解きます。質問ならジョークより簡単ですし、周到に準備もできます。

ここでの質問は、あくまで場の雰囲気作りのための質問です。あるいは、その後のプレゼンテーションをスムーズに進めるための質問です。本格的なQ&Aではありません。たとえば、次のような質問が考えられます。

- ■ 設計工程のボトルネックは何だとお考えですか？
- ■ 社員１人あたりのサーバー維持費はどのくらいだと思いますか？
- ■ 開発が１日遅れると、どのくらいの利益を失うかご存知ですか？

コラム
立つ位置に気を配る

　プレゼンターは、立つ位置について、以下の3点に気をつけましょう。

- ◆ スクリーンの前に立たない
- ◆ スクリーンの利き腕側に立つ
- ◆ スクリーンから離れすぎない

　プレゼンターは、スクリーンを遮らないように気をつけましょう。できれば、スクリーンの真横に立ちましょう。特に注意したいのは、最前列の左右端の聴衆です。スクリーンより少しでも前に出ると、最前列の左右端の聴衆からは、プレゼンターが邪魔になって、スクリーンが見えません。同様の注意は、ホワイトボードに板書する場合も必要です。

　プレゼンターは、聴衆から見て、右利きなら右側、左利きなら左側に立ちましょう。この位置に立てば、ポインターでスクリーンを指しながら、聴衆のほうへ向いて話せます。逆の位置に立って、ポインターでスクリーンを指してしまうと、肩越しに聴衆に話さなければなりません。見た目も悪くなり、声も通りにくくなります。

　プレゼンターは、スクリーンから離れすぎないことにも注意しましょう。プレゼンターとスクリーンが離れてしまうと、聴衆は、どっちを見て話を聞けばよいかわかりません。プレゼンターを見たり、スクリーンを見たり、落ち着かないプレゼンテーションになってしまいます。

6

理解度を高める英語技法

英語技法で重要なのは、わかりやすさやポイントの強調です。こなれた言い回しや流暢な発音が説得力を生むわけではありません。日本人はネイティブばりの発音で、流れるように話すプレゼンテーションにあこがれるようですが、プレゼンテーションの成功とはほとんど関係ありません。本章では、わかりやすく、しかもポイントを強調するために、7つのポイントを学習します。

1. キーワードを主語にする
2. 情報の流れを意識する
3. パラレリズムを守る
4. 文と文を明確に接続する
5. 肯定で表現する
6. 印象のよい表現を使う
7. スライドの英語は短く表現する

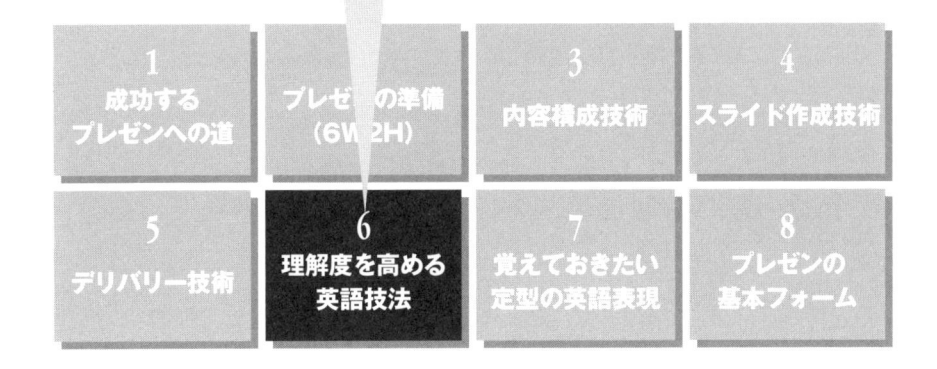

1 成功するプレゼンへの道	2 プレゼンの準備 (6W2H)	3 内容構成技術	4 スライド作成技術
5 デリバリー技術	6 理解度を高める英語技法	7 覚えておきたい定型の英語表現	8 プレゼンの基本フォーム

1 キーワードを主語にする

> **Expression Skills**
>
> ## Use Keywords as Subjects
>
> - The subject is the center of a sentence.
> - The keyword will be stressed if it is the subject.
> - The product name is a typical keyword.
> - "You" is also a typical keyword.

主語は強調される

　文の中心は主語です。その文は何について書いてあるかといえば、主語について書いてあるのです。したがって、主語が強調されて読み手の印象に残ります。

　たとえば、次の2つの文を比べてください。

> 1. ABC Company was founded by Mr. Taro Yamada in 1961.
> 2. Mr. Taro Yamada founded ABC Company in 1961.

　1の文は、ABC Companyが話題の中心です。ABC Companyを紹介するときに使う文です。聴衆の頭にはABC Companyが残ります。

一方、2の文は、Mr. Taro Yamadaが話題の中心です。Mr. Taro Yamadaとはどんな人物かを説明する文です。聴衆の頭にはMr. Taro Yamadaが残ります。

キーワードを主語にして印象付ける

　聴衆にキーワードを印象付けるために、キーワードを主語にした英文を作りましょう。たとえば、製品の紹介では、その製品名を首尾一貫して主語にするのです。自社を紹介するなら、会社名が主語になります。
　同じ単語が続いてくどいと感じるようなら言葉を換えます。ただし、だれもが同じとわかる言い換えをしなければなりません。たとえば、製品名の代わりならthis productやthis softwareなどです。会社名の言い換えなら、our companyやweとなります。
　英文が作りやすいという理由で主語を選んではいけません。受験英語ならそれでも満点ですが、実務英語ではそうはいきません。意味のない単語を聴衆の頭に残してもしかたありません。

主語をキーワードで統一した製品紹介の例

> The new release of PerfectProtecter represents the easiest, smartest, and most reliable antivirus program to secure home users and small businesses.
> 　パーフェクト・プロテクターの新バージョンは、ホームユーザーや小企業向けの、最も簡単で、洗練された、信頼できる対ウィルスプログラムです。
>
> PerfectProtecter removes malicious code automatically, and protects e-mail messages and Instant Messaging attachments from viruses.
> 　パーフェクト・プロテクターは、悪意あるコードを自動的に削除し、電子メールやインスタントメッセージの添付ファイルをウィルスから守ります。

PerfectProtecter also keeps virus definitions up-to-date without requiring your intervention, which allows you to continuously maintain the highest level of virus protection.

　パーフェクト・プロテクターは、ウィルス定義ファイルを、ユーザーが指定しなくても自動的にアップデートします。これにより、ユーザーは最高レベルのウィルス防御を維持できます。

PerfectProtecter includes data recovery and data cleaning features.

　パーフェクト・プロテクターにはデータ回復と消去の機能も含まれています。

PerfectProtecter is available now at www.perfect.com for US$39.95.

　パーフェクト・プロテクターは、www.perfect.comにて、39.95米ドルで入手できます。

youをキーワードとして使う

　youも大切なキーワードであることを忘れてはいけません。特に、聴衆にプラスイメージの情報なら、youを主語にするとよいでしょう。youを主語とした英文を効果的に使うと、親しみやすいスピーチになります。

　たとえば、先の例は、聴衆にプラスイメージの情報の部分を、youを主語にして書き直すと次のようになります。ぐっと親しみやすく、聴衆に訴えかける調子になったのがご理解いただけるのではないでしょうか？

The new release of PerfectProtecter represents the easiest, smartest, and most reliable antivirus program to secure home users and small businesses.

With PerfectProtecter, you can remove malicious code automatically, and protect your e-mail messages and Instant Messaging attachments from viruses.

With PerfectProtecter, you can also keep virus definitions up-to-date automatically. So, you can continuously maintain the highest level of virus protection.

With PerfectProtecter, you can recovery your lost data and clean your data perfectly.

PerfectProtecter is available now at www.perfect.com for US$39.95.

コラム
見出しの付け方

　スライドの見出しでは、最初の単語と名詞、代名詞、動詞、形容詞、副詞の先頭文字を大文字にします。それ以外の冠詞、前置詞、接続詞、不定詞のtoは、見出しの先頭に来ない限りは、小文字で書きます。また、ハイフンでつなげた2語は、両方とも先頭文字を大文字にします。

　ただし、細かい決まりは統一されていません。たとえば、Publication Manual for the American Psychological Associationによると、4文字以上のすべての単語は、先頭文字を大文字にしなければなりません。しかし、MLA Handbook for Writers of Research Papers（MLAはModern Language Associationの略）によると、そのような決まりはありません。逆に、従位接続詞（althoughやbecauseなど）では先頭文字を大文字にし、等位接続詞（andやbutなど）では小文字で書くよう規定されています。しかし、Publication Manual for the American Psychological Associationにそのような規定はありません。

2 情報の流れを意識する

> **Expression Skills**
>
> ## Maintain Old-to-New Flow
>
> - Give the audience old information first, new information last.
>   - Place old keywords as subjects.
>   - Active voice or passive voice depends on the old-to-new flow.

古い情報を前、新しい情報をあとにする

　文頭には、すでに述べた古い情報を置き、まだ述べていない新しい情報は文末に置きます。はじめて登場する単語を文頭に置いてはいけません。このように、古い情報から新しい情報への流れを作ります。

　この流れができると、情報の流れがよくなって文章が理解しやすくなります。特に、新しい情報が古い情報とどういう関係にあるのかが、理解しやすくなります。新しい情報が文頭に来ると、その情報に対する唐突感によって、情報の流れが阻害されます。また、新しい情報と古い情報の関係がわかりにくくなります。その結果、その文を理解しにくく感じます。

古い情報から新しい情報へと流れている例

> To address my hypothesis, <u>fifty students</u> took part in my research in two testing periods in October and in December 2003. **The fifty students** were tested on <u>two writing tasks</u>. **Task A** was guided letters (controlled writing), and **task B** was discursive essays (free writing). **Tasks A** represents an informal, but conventional mode of writing, in which participants could compose a piece of writing based on familiar experiences. **Task B** was different in relation to task A. **In these tasks**, the participants could show their writing abilities in how they analyze certain situations, state ideas and support opinions.
>
> 　仮説を検証するために、2003年の10月と12月の2回、50人の学生に研究に参加してもらった。この50人の学生には、2つのライティング課題で試験を受けてもらった。課題Aは、指示に基づく手紙（定型作文）であり、課題Bは、広範囲にわたる小論文（自由作文）であった。課題Aは、非公式だがよくあるライティングの状況で、参加者は馴染みのある経験をもとに文章を構成する。課題Bでは、課題Aとは異なる状況となる。両課題で、参加者は、状況を分析し、考えを述べ、意見を論証するライティング能力を求められる。

　この例では、先頭の文に続く5つの文が、いずれも古い情報で始まっています。第1文のfifty studentsを受けて、第2文はThe fifty studentsで始まります。第2文の後半に登場したtwo writing tasksという情報を受けて、第3、4、5、6文の先頭は、Task A、Task A、Task B、In these tasksでそれぞれ始まっています。

　文頭（特に主語）を、英文を作りやすいからという理由で決めてはいけません。英語に自信のない人は、楽に英文が作れるという基準で主語を選びがちです。文法的には正しい文ができるかもしれませんが、文章にしたとき、流れが悪く、わかりにくくなります。

古い情報から新しい情報へと流れていない例

> As previously announced, the operating profit margin decreased slightly. This was due to one-time gains realized last year, continued pressure on prices, higher raw materials prices. Targeted measures to reduce cost and increase productivity have largely offset these negative effects. We expect to achieve additional substantial cost reductions through the Sales Division's restructuring.
>
> すでに発表があったように、営業利益率がわずかに減少しました。これは、昨年は一時所得があったことや、絶え間ない物価圧力、高い原材料価格によっています。コスト削減と生産性向上のために取った手段が、こういったマイナス要因を大幅に相殺しました。さらなる大幅なコスト削減が、営業部門のリストラによって期待されます。

この文章では、"Targeted measures" で始まる文が、全体の流れを阻害しています。先頭が新しい情報だからです。この文の後半に "these negative effects" という古い情報があります。したがって、これを文頭に出して、"These negative effects have been largely offset by targeted measures to reduce cost and increase productivity." とすれば、情報の流れがよくなります。

能動態か、受動態かは意識しない

情報の流れが決まれば、主語が決まります。主語が決まれば、能動態か受動態かは決まります。つまり、能動態か受動態かを考える必要はありません。態は、情報の流れで自然に決まるのです。

よく、「受動態は避けて能動態で」と言いますが、これは間違った考え方です。態を決めて、主語（＝話の中心）を決めるというのはナンセンスです。先に決めるべきは、情報の流れや話の中心、つまり主語です。態はあとから決まります。

受動態を使った例

> Strobilurine fungicides are a prime example. Strobilurines **were discovered** in the late 1980s and **developed** in the 1990s. They **were first introduced** into the market in 1996. Products based on this new fungicide technology provided farmers with substantial benefits.
>
> ストロビルリン殺菌剤は、典型的な例です。ストロビルリンは、1980年代の後半に発見され、1990年代に開発されました。そして、1996年にはじめて市場に導入されました。この新しい殺菌剤の技術に基づく製品は、農家に多大な利益をもたらしました。

　この説明では、ストロビルリン殺菌剤が話の中心なので、ストロビルリン殺菌剤が主語（「キーワードを主語にする」120ページ参照）になります。ストロビルリン殺菌剤またはその関連語を文頭に置くと、古い情報から新しい情報へという流れもよくなります。

　ストロビルリン殺菌剤またはその関連語を主語にすると、一部は受動態の文になります。だからといって、これらの文を能動態に変えてはいけません。能動態にすれば、話の中心ではないものが主語になります。古い情報から新しい情報へという流れも崩れてしまいます。

3 パラレリズムを守る

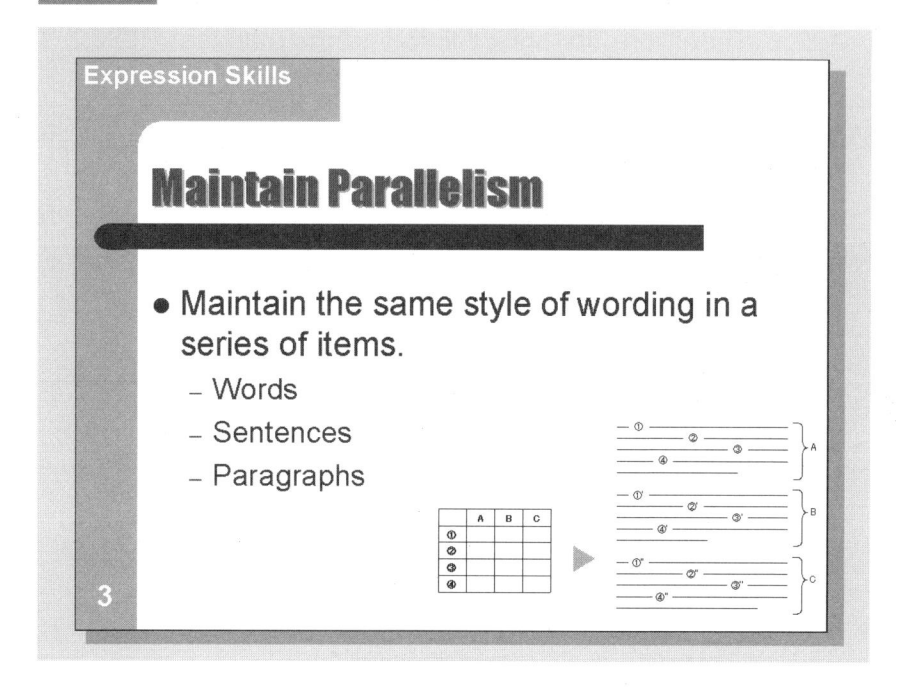

Expression Skills

Maintain Parallelism

- Maintain the same style of wording in a series of items.
  - Words
  - Sentences
  - Paragraphs

パラレリズムを知る

　パラレリズムとは、同じ種類のものを、同じレベルで、同じ形式で並べることです（「正しく並列する」60ページ参照）。この原則は、語句の並列でも、文の並列でも、文章の並列でも、情報を並列させるときは必ず守ります。

　パラレリズムを守ると、英文を作るのも、聞くのも楽になります。書き手からすれば、構文を揃えて書けばよいので楽です。また、聞き手からすれば、同じ構文の繰り返しなので理解しやすくなります。特に、文章レベルのパラレリズムは効果が高くなります。

パラレリズムの例

語句レベルのパラレリズムの例

> This new version is more convenient, flexible and customizable than earlier versions.
>
> この新バージョンは、以前のバージョンに比べて、より便利で、柔軟性に富み、カスタマイズ可能になっています。

文レベルのパラレリズムの例

> PerfectProtecter:
> - removes malicious code automatically
> - keeps virus definitions up-to-date without requiring user intervention
> - recover crushed data and clean unnecessary data perfectly.
>
> パーフェクト・プロテクターは、
> - 悪意あるコードを自動的に削除します
> - ウィルス定義ファイルを、ユーザーが指定しなくても自動的にアップデートします
> - 壊れたデータを回復し、不要なデータを完全に消去します

文章レベルのパラレリズムの例

> The first stage looks at the market and business environment. Environment includes areas such as society, politics, technology and competitors. The time horizon is 2010. The results are the success potentials of the market, what we call market pull.

The second stage looks at the operation field of goods transport by rail. The design factors are investigated here primarily. Design factors include, for example, technical solutions and business processes. The time horizon is 2015. The results are the technology potentials, what we also call technology push.

第1段階では、市場とビジネスの環境に注目する。環境とは、社会、政治、技術、競争相手といった領域を含む。結果は、市場の成功可能性、いわゆる市場プルである。

第2段階では、鉄道での商品輸送のオペレーション・フィールドに注目する。ここでは、主に設計要素が調査される。設計要素とは、たとえば、技術ソリューションやビジネスプロセスが含まれる。計画対象期間は2015年である。結果は、技術可能性、いわゆる技術プッシュである。

文章レベルのパラレリズムは表をイメージする

文章レベルのパラレリズムは表を文章に落とすようなイメージです。表が再現できるように構成しましょう。もちろん、表がわかりやすければ、表をそのまま見せたほうが効果的です。

4 文と文を明確に接続する

> **Expression Skills**
>
> ## Connect Sentences Clearly and Logically
>
> - Do not connect two sentences with "and".
> - Connect two ideas with:
>   - a preposition
>   - a conjunction
>   - an adverb

文と文を安易にandで接続しない

　文と文を、安易にandで接続してはいけません。andは等位接続詞なので、並列する場合のみに使えます。並列関係ではない2つの文をandで接続すると、接続関係が曖昧になります。その結果、読み手に負担がかかったり、論理的でないという印象を与えてしまったりします。

　しかし、日本語ではandに相当する助詞に、並列以外の意味を含ませて使うことがよくあります。たとえば、「本製品にはレーザーシステムが組み込まれていて、対象物との距離を測定します」のような文です。この文では、「本製品にはレーザーシステムが組み込まれています」という文と、「本製品は対象物との距離を測定します」が並列されています。しかし、この2つの文は並列ではなく、手段と機能を表しています。並列関係ではありません。

　日本語では、一般的にこのような言い方をよくするので、多くの日本人が、

英語で話すときも、並列しない2つの文をandで接続してしまいます。先の例で言えば、次のような文を作ってしまいます。しかし、このような英文は論理性の低い稚拙な英文と取られかねません。

> **悪い例**
>
> This product is equipped with a built-in laser system and measures the distance to an object. （本製品にはレーザーシステムが組み込まれていて、対象物との距離を測定します）

そこで、文と文を明確に、論理的に接続します。接続方法には、主に次の3つの方法があります。

- ■ 主文と従属語句に分けて、前置詞などで接続する
- ■ 主節と従属節に分けて、接続詞で接続する
- ■ 2文に分けて、副詞で接続する

主文と従属語句に分けて、前置詞などで接続する

2つの文のうち、言いたい側を主文とし、もう一方を語句化して主文と接続します。接続には、前置詞を使ったり、「to＋不定詞」を使ったりする方法があります。

先の例を、「本製品は対象物との距離を測定します」を主文にして書き直すと、次のような文になります。

> **よい例**
>
> This product measures the distance to an object with a built-in laser system.

「本製品にはレーザーシステムが組み込まれています」を主文にすると、次のような文になります。

> **よい例**
> This product is equipped with a built-in laser system to measure the distance to an object.

主節と従属節に分けて、接続詞で接続する

2つの文のうち、言いたい側を主節とし、もう一方を従属節として接続します。接続には、接続詞を使ったり、関係代名詞を使ったりする方法があります。

> **悪い例**
> This product is easy to use and you don't need to read the manual in detail.（この製品は使い方が簡単で、マニュアルを詳しく読む必要がありません）

「マニュアルを詳しく読む必要がありません」を主節にして接続詞で接続すると、次のような文になります。

> **よい例**
> Because this product is easy to use, you don't need to read the manual in detail.

2文に分けて、副詞で接続する

2つの文をそれぞれ独立させ、副詞で接続する方法もあります。2つの文が長いときに使います。

> **悪い例**
>
> Our new notebook computer operates 20% faster than the old model, and it is earth-friendly because of its recyclable parts. (我々の新しいノートコンピュータは、旧モデルより20%高速に動作し、リサイクル可能な部品のおかげで地球に優しい製品です)

「我々の新しいノートコンピュータは、旧モデルより20%高速に動作する」に重点を置きながら、2つの文を副詞で接続すると、次のような文になります。

> **よい例**
>
> Our new notebook computer operates 20% faster than the old model. Also, the computer is earth-friendly because of its recyclable parts.

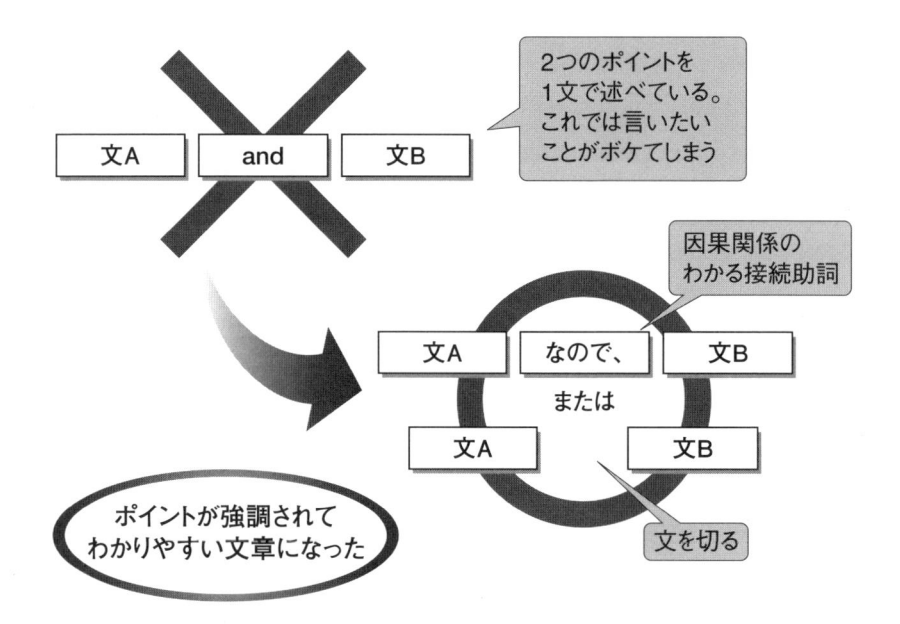

文A and 文B

2つのポイントを1文で述べている。これでは言いたいことがボケてしまう

文A なので、文B
または
文A 文B

因果関係のわかる接続助詞

文を切る

ポイントが強調されてわかりやすい文章になった

5 肯定で表現する

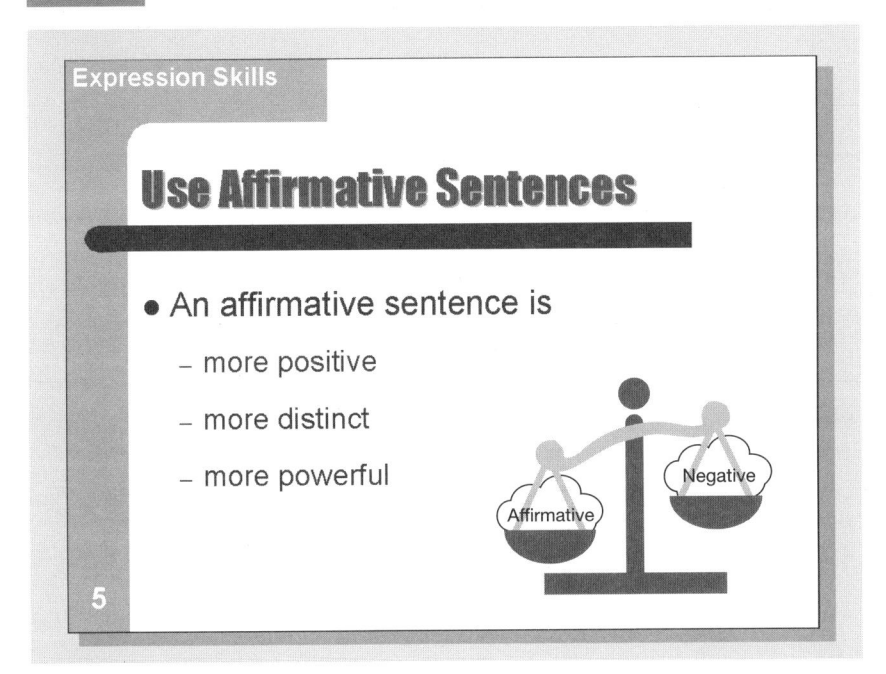

Expression Skills

Use Affirmative Sentences

- An affirmative sentence is
  - more positive
  - more distinct
  - more powerful

肯定文は否定文よりプラスイメージ

　肯定文は否定文より印象がよくなります。たとえば、「市場をよく調査しないから売り上げが伸びない」と言うと、「文句ばっかり言っている奴」という印象です。肯定にして、「市場をよく調査すれば売り上げが伸びるだろう」とすれば、「前向きな奴」という印象です。

悪い例

> The sales do not increase, because we do not research the market enough.（市場をよく調査しないから売り上げが伸びない）

> **よい例**
>
> The sales will increase, if we research the market enough.
> （市場をよく調査すれば売り上げが伸びるだろう）

> **悪い例**
>
> Do not eat and drink inside.（店内飲食禁止）

> **よい例**
>
> Enjoy your food and drinks outside.（飲食は外でお願いします）

肯定文は否定文よりわかりやすく明確

　肯定文は否定文よりわかりやすくなります。たとえば、「スペルミスを見逃すな」と言われても困ります。なぜなら、だれもスペルミスを見逃そうと思って見逃しているわけではないのですから。「スペルチェッカーを使いなさい」のような肯定文にすれば、どうしたらよいかがわかりやすくなります。

> **悪い例**
>
> Do not overlook spelling errors.（スペルミスを見逃すな）

> **よい例**
>
> Use the spell checker.（スペルチェッカーを使いなさい）

　特に、二重否定の多くは避けるべきです。二重否定は、否定の否定ですから、肯定になおせます。肯定文のほうがずっとわかりやすくなります。

> **悪い例**
>
> The visitor's email address is not used unless we need to contact the visitor to verify name.（ビジター用の電子メールアドレスは、我々がそのビジターの名前を確認する必要がない限り、使用されません）

> **よい例**
>
> The visitor's email address is used only if we need to contact the visitor to verify name.（ビジター用の電子メールアドレスは、我々がそのビジターの名前を確認する必要があるときにだけ使用されます）

肯定文は否定文より働きかけが強い

　否定文で指示するより、肯定文で指示したほうがうまく機能します。なぜなら、肯定文なら大事なキーワードが頭に残るからです。たとえば、野球で「高め（の球）に手を出すな」と言うと、言われた者にとっては「高め」という言葉が残ります。その結果、「高め」（の球）に手を出してしまいます。「低め（の球）を狙っていけ」と言えば、「低め」という言葉が残るので、「低め」（の球）に注意が向きます。

> **悪い例**
>
> Don't interrupt.（話の腰を折ってはいけません）

> **よい例**
>
> Listen carefully.（話をよく聞きましょう）

6 印象のよい表現を使う

Expression Skills

Express Positively

- Use positive terms.
- Express in an audience-oriented way, not a self-oriented way.
- Stress good news, not bad news.
- State what we can do, not what we cannot do.

プラスイメージの単語を使う

聴衆によい印象を与えるために、マイナスイメージのある単語は、プラスイメージのある単語に言い換えましょう。

悪い（中立の）印象の単語	よい印象の単語
extra charge	service charge
neglect	overlook
cost	investment
products/services	solutions
irresponsible	easygoing
careless	informal
problem	challenge

自分中心ではなく、聴衆中心に述べる

自分中心ではなく、聴衆や顧客、社会中心に述べましょう。「自分たちのために」という言い方をすると印象が悪くなります。同じ内容でも、少し表現を工夫しさえすれば、「聴衆のために」、「お客様のために」、「社会環境のために」という言い方が可能です。

悪い例

> Because it increases the cost, we are losing customers. (コストを押し上げ、ビジネスをロストしています)

よい例

> Because it increases the selling price, we are troubling our customers. (定価を押し上げ、お客様にご迷惑をおかけしています)

悪い例

> We have installed refillable shampoo and soap dispensers to save the cost. (コスト削減のため、シャンプーや石けんはポンプ式にしました)

よい例

> We have installed refillable shampoo and soap dispensers to help protect the environment by reducing waste. (廃棄物を減らして環境を守るため、シャンプーや石けんはポンプ式にしました)

悪いことではなく、よいことを強調する

悪いことを強調するのではなく、よいことを強調するのも効果的です。デメリットを強調すると脅迫しているような口調になりかねません。メリットを強調すると、聴衆も協力しやすくなります。

> 悪い例

If you do not settle your past-due payment by August 10, we will reject your credit buying in the future. (8/10までに未払いを解消していただけない場合は、今後は掛け売りをお断りいたします)

> よい例

If you settle your past-due payment by August 10, you can enjoy the benefits of credit buying. (8/10までにお支払いいただければ、今後も掛け売りがご利用いただけます)

何ができないかではなく、何ができるかを述べる

できないこと（cannot）より、できること（can do, will do）を述べましょう。聴衆が知りたいのは、何ができるかです。できないことを強調しても始まりません。

> 悪い例

We cannot ship in lots of less than 10. (10個組み未満では出荷できません)

> よい例

To keep down packaging and shipping costs, we ship in lots of 10. (配送料をお安くするために10個組みで出荷しています)

7 スライドの英語は短く表現する

Expression Skills

Shorten Sentences on Slides

- Remove unnecessary repetitions.
- Avoid unnecessary relative-pronouns.
- Avoid wordy and redundant phrases.
- Use phrases in stead of clauses.
- Use verbs rather than noun forms.

類語の繰り返しは避ける

文を簡潔にするには、「頭が頭痛」や「犯罪を犯す」のような、類語の繰り返しは避けます。

悪い例

If there is not much improvement *repeat* the training *again*.
（十分な改善が得られないなら、トレーニングをもう一度繰り返してください）

> よい例

> If there is not much improvement repeat the training.

> 悪い例

> Our *final conclusion* is that we should invest 9 million dollars in the project. (我々の最終的な結論は、そのプロジェクトに900万ドル投資すべきというものだ)

> よい例

> Our conclusion is that we should invest 9 million dollars in the project.

注)「動詞形のある名詞は動詞で使う」(145ページ) でさらに改良しています

類語を繰り返した表現で、そのほかのよくある例を紹介します。

類語を繰り返した表現	簡潔な表現
completely finish	finish
current status	status
future plan	plan
join together	join
new innovation	innovation
personal opinion	opinion
very unique	unique

不要な関係代名詞を削除する

「関係代名詞 + be動詞」の表現は多くの場合、冗長です。そのまま削除してしまいましょう。

> **悪い例**
>
> A Cache Clearing Utility uses Windows Scripting Host (WSH), *which is* a standard feature of Windows 2000. (キャッシュ・クリーニング・ユーティリティは、Windows 2000の標準機能であるWSHを使います)

> **よい例**
>
> A Cache Clearing Utility uses Windows Scripting Host (WSH), a standard feature of Windows 2000.

> **悪い例**
>
> Our JAVA applet *which was* available at this time could be run on the new beta version of Netscape. (現在利用できる、当社のJAVAアプレットなら、ネットスケープの新ベータ版で動作可能です)

> **よい例**
>
> Our JAVA applet available at this time could be run on the new beta version of Netscape.

回りくどい表現や大げさな表現は避ける

　簡単に表現できることを回りくどく、あるいは大げさに表現しないように気をつけましょう。"It is ... to (that)" 構文や "There are" も、ときとして冗長になるので注意が必要です。

> **悪い例**
>
> This proposal is a special one and will not be repeated. (この提案は特別なもので、何度もあることではありません)

よい例

This special proposal will not be repeated.

悪い例

There is no available scientific evidence supporting these interactions.（これらの相互作用を証明する科学的な証拠は何もない）

よい例

No scientific evidence supports these interactions.

回りくどい表現や大げさな表現で、そのほかによくある例を紹介します。

回りくどい表現	簡潔な表現
at all times	always
by means of	by
in many cases	often
in order to	to
in regard to	regarding
in the near future	soon
it is clear that	clearly
on the basis of	by

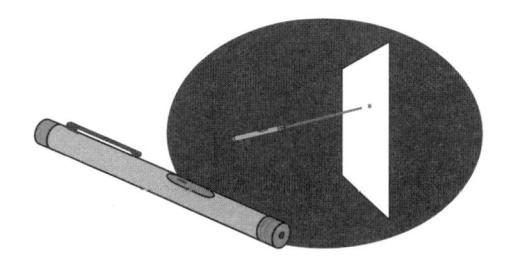

回りくどい節を句にする

　従属節を句にすることでも文を短くできます。この場合、表現としてはやや堅くなります。したがって、これらの表現をそのままスピーチの中で使うと、少し違和感が出ることもあります。

悪い例

> If there were no standard, communication would break down.（何も標準がなければ、コミュニケーションは成立しないであろう）

よい例

> Without standard, communication would break down.

悪い例

> When temperature rises, the capacity will increase.（温度が上がると、容積が増える）

よい例

> A temperature rise increases the capacity.

動詞形のある名詞は動詞で使う

　動詞形のある名詞（例：recommendation）は、動詞形（例：recommend）で使いましょう。これだけでも文は短くなります。さらに、be動詞のような実質的には意味を持たない単語が動詞にならず、意味を持つ単語が動詞になるので、働きかけの強い文になります。

悪い例

> Our *conclusion* is that we should invest 9 million dollars in the project.（我々の結論は、そのプロジェクトに900万ドル投資すべきというものだ）

よい例

We conclude that we should invest 9 million dollars in the project.

悪い例

The red light is an *indication* of error. (赤いランプはエラーの印です)

よい例

The red light indicates an error.

7

覚えておきたい
定型の英語表現

プレゼンテーションの英語表現には、決まり切ったものも多くあります。決まり切った表現は覚えておくと便利です。本章では、プレゼンテーションのセクションごとに、典型的な言い回しを紹介します。

- 1 Opening
- 2 Introduction
- 3 Explanation
- 4 Discussion
- 5 Transition
- 6 Conclusion
- 7 Closing
- 8 Q & A

| 1 成功するプレゼンへの道 | 2 プレゼンの準備（6W2H） | 3 内容構成技術 | 4 スライド作成技術 |
| 5 デリバリー技術 | 6 理解度を高める英語技法 | 7 覚えておきたい定型の英語表現 | 8 プレゼンの基本フォーム |

1 Opening

挨拶をする

皆さん、おはようございます。
- Good morning, ladies and gentlemen.
- Good morning, everybody.

> ＊女性しかいない、男性しかいない状況なら ladies and gentlemen の代わりに ladies か gentlemen を使う。

本日、ここに出席させていただき非常に光栄です。
- It is a great pleasure to be here today.

いっしょにビジネスができてうれしく思っています。
- We are very happy to be doing business with you.

では、始めましょう。
- Now let's begin.
- I would like to start the presentation.

謝辞を述べる

議長、ありがとうございます。
- Thank you, Mr. Chairman.
- Thank you, Ms. Chairperson.

> ＊議長による紹介を受けた場合の返礼。議長が男性なら Mr. Chairman を、女性なら Ms. Chairperson を使う。議長の名前を使う場合もある。

本日はお忙しい中、ありがとうございます。
- We would like to thank you for your time today.
- Thank you for taking this time out of your busy schedule.
- Thank you all for coming today.

プレゼンテーションの機会をいただき、大変感謝しています。
- Thank you very much for giving me an opportunity to speak to you today.

このカンファレンスのために多くの準備をしてくださった方々に感謝いたします。
- I express my sincere gratitude to those who have made various preparations for this conference.

自己紹介する

自己紹介させてください。
- Please let me introduce myself.
- Please allow me to introduce myself.
- Let me begin by saying a few words about myself.

＊議長が紹介してくれたのであれば、基本的に自己紹介は不要。

ABC社から参りました山田太郎です。
- My name is Taro Yamada from ABC Corporation.
- My name is Taro Yamada, working at ABC Corporation.
- I'm Taro Yamada, working with ABC Corporation.

主席エンジニアの田中一郎です。
- I am Ichiro Tanaka, senior engineer.

私はピクシープロジェクトの責任者です。
- I am in charge of the Pixie project.

＊in charge of は「〜を担当する」という意味だが、責任者の意味で、担当者の一人という意味ではない。

2 Introduction

主題を述べる

最近の研究について、概要をお伝えしようと思います。
- I would like to give you a summary of the recent research.

本日は、当社の最新のソフトウェアについてお話したいと存じます。
- I would like to speak to you today about our state-of-the-art software.
- I would like to talk about our state-of-the-art software, today.

本日は、当社製品の最新モデルを紹介する場を持てまして大変光栄です。
- It is our great pleasure today to present the latest model of our product.

プロジェクトの進捗についてお伝えいたします。
- I would like to give you a progress report on the project.

本日は、遠隔治療に焦点を当てたいと思います。
- Today, I will focus on long-distance medicine.

今日の主題は、〜です。
- The subject of my presentation is ...
- The theme of my talk is ...
- The purpose of my presentation is ...
- We are here today to ...

今日は、〜について報告します。
- In my presentation today I'm going to report on ...

アウトラインを説明する

はじめに、私のプレゼンテーションの内容を紹介します。
- I would like to show you the agenda of my presentation.

最初に〜を話し、次に〜を話し、最後に〜について話します。
- I will talk about ... first, then ..., and finish with ...

最初に私の理論を簡単に説明し、次に〜し、最後にまとめたいと思います。
- I'd like to start with a brief explanation of my theory, and then talk about ..., finally I conclude my presentation.

3つのポイントを説明します。
- I will outline three main points.
- There are three points I'd like to talk about here.

3つのパートに分けて説明いたします。
- I have broken my speech down into 3 parts.
- I have divided my presentation into 3 parts.

最初のパートで基本的なアイデアを紹介し、次のパートで説明し、3番目のパートでは具体例を紹介します。
- In the first part I give a few basic definitions. In the next section I will explain. In part three, I am going to show practical examples.

最初に〜について述べ、次に〜についてお話します。その後〜について検討した後、最後にプレゼンテーションをまとめます。
- To start with I'll describe ... Then I'll mention ... After that I'll consider ... Finally, I'll summarize my presentation.

質問のタイミングを知らせる

質問はプレゼンテーションの最後にお願いします。
- I'd ask you to save your questions for the end.
- I'll be glad to answer any questions at the end of my presentation.
- I would appreciate it if you could save any questions until the end of the presentation.
- There'll be time for discussion at the end.

プレゼンテーションの最後に質問の時間を設けます。
- I'll try to answer all of your questions after the presentation.
- I plan to keep some time for questions after the presentation.
- There will be time for questions at the end of each section.
- I'll keep some time for questions after the presentation.

質問や意見がございましたら、いつでも結構です。
- You may interrupt me at any moment to ask questions or make comments.
- Please feel free to interrupt me at any point with questions.
- If you have any questions, please feel free to ask me during the presentation.

議題の最後ごとに、質問がないか確認しながら進めて参ります。
- I'll stop at the end of each agenda point to see if there are any questions.

ベネフィットを強調する

プレゼンテーションの最後には、この問題について明確に理解できていることでしょう。
- By the end of my presentation, you will get a clear picture of the problem

プレゼンテーションの最後には、このソリューションを試したくなるものと確信しております。
- I am sure that by the end of my presentation, you will be persuaded to try this solution.

本題へ入る

前置きはこのくらいにしましょう。
- Well, so much for preliminaries.
- Let's finish my introduction.

では、本題に入りたいと思います。
- Now, let us move onto the main subject.
- Now, I'd like to move onto the main subject.

では、新しい機能から説明を始めたいと思います。
- Now, I would like to begin by explaining the new features.
- Now, let's start by explaining the new features.

最初に、私がこの課題にどうして興味を持つようになったかをお話しましょう。
- First, I will mention how I became interested in this subject.

本題に入る前に、〜について説明いたします。
- Before moving onto the main subject, let me explain ...

3 Explanation

説明を始める

Silverfoxの様々な利点について説明しましょう。
- I would like to explain the various benefits of Silverfox.

データフォーマットについて説明しましょう。
- Let me describe the data format.

考えを述べる

〜することを提案いたします。
- I would like to suggest that ...
- My suggestion is that ...

〜と思われる。
- It seems to me ...

> ＊"It is considered that ..." は、「一般的には〜と考えられている」という意味で、「〜と思われる」の意味で使うのは誤用。

〜と思います。
- I think that （考える）
- I consider that （熟考する）
- I believe that （確かと思う）
- I am sure that （確信する）
- I am certain that （確信する）

> ＊ "I think that 〜" の連発に注意すること。"I think that 〜" は比較的弱い主張表現なので、ときとして不適切な場合もある。

私の知る限り、
- As far as I know,

私たちからすると、
- From our point of view,

根拠を示す

我々の計画は、10年間の市場調査に基づいています。
- Our plan is based on our 10-year research.

これには理由が3つあります。
- There are three reasons for this.
- I'd like to give you three reasons for this.

その理由は、〜
- The reason for this is ...

それがなぜ重要かを説明しましょう。
- Let me explain why this is so important.

クローン動物が健康障害を有している理由の1つは、〜
- One reason why cloned animals are unhealthy may be ...

強調する

重要なのは、
- What is very important is, ...

私が強調したいのは、
- I'd like to emphasize that ...

私がここで明らかにしようとしていることは、
- What I've tried to show in this part ...
- What I tried to bring out here ...

図表を使って説明する

ご覧のように、
- As you can see ...

ここに示したように、
- As shown here ...

このスライドは、〜であることを示しています。
- This slide shows ...
- This slide indicates ...

このスライドは、〜であることを図解しています。
- This slide illustrates ...

4ページ目のグラフをご覧ください。
- Let's have a look at the graph on page 4.

このスライドで簡単に説明できます。
- I can explain it simply using this slide.

この図なら、もっとわかりやすいかもしれません。
- This chart may make it easier to understand.

市場の最近の動向を見てみましょう。
- Let's look at the recent trend of the market.

最新の値をお見せしましょう。
- I'm going to show you the most recent figures.

例を挙げる

1例を挙げれば、
- To give (you) an example, ...

- To give you an example, ...
- For example, ...
- For instance, ...
- A good example of this is ...
- As an illustration, ...
- To illustrate this point, ...

例を挙げましょう。
- Now let's take an example.
- Let's see this through an example.
- Let me give you an example.

典型的な例が携帯電話に見られます。
- A typical example is in cell phones 〜

最初のケースの典型例が、〜
- A typical example for the first case is 〜

このケースは、〜を示すよい例です。
- This case is a good example to show 〜

引用する

あなたが前に述べた言葉を借りれば、
- To refer to what you have said previously, ...

専門家の言葉を借りれば、
- To refer to what an expert says, ...

有名な言葉を借りれば、
- There is a famous quotation that goes ...

スミス氏がその著書で述べているように、
- As Mr. Smith says in his book ...

スタッフへ指示する

次のスライドをお願いします。
- Could I have the next slide, please?
- Next slide, please.

前のスライドにしてください。
- May I have the previous slide, please?

このスライドは飛ばしてください。
- I'd like to skip this slide.
- Skip this slide, please.

明かりをつけていただけますか？
- Could we have the lights on, please?
- Would you please turn the lights on?

明かりを消していただけますか？
- Could we have the lights off, please?
- Would you please turn the lights off?

ボリュームを下げてもらえますか？
- Would you please turn the volume down?

4 Discussion

プレゼンターに意見を述べる

あなたのご提案に対して意見を述べたいと思います。
- I would like to comment on your proposition.
- I would like to make a comment regarding your proposition.

そのマーケティング分析に対して、個人的な意見を述べたいと思います。
- I would like to give a personal opinion regarding the marketing analysis.
- Let me share some of my ideas on the marketing analysis.

私の意見では、
- In my opinion,

以上がその考えに対する私の見解です。
- Here are some of my personal views about the idea.

同意する

ポイントはよくわかりました。
- I understand your point.
- Your point is quite clear to me.

＊これらの表現は、理解できたことを述べているだけで、賛成を意味しているわけではない。

まさにそのとおりです。
- I totally agree.
- That's a very good point.

- Great point!

〜に賛成です。
- I totally agree with your opinion.
- I completely agree with you.

納得しました。
- I think you've convinced me.

反対する

申し訳ありませんが、賛成いたしかねます。
- I'm afraid that I cannot agree with you.

> ＊ "I disagree with you" という表現は、直接すぎて失礼に当たることも多い。避けたほうが無難。

あなたの提案には賛成いたしかねます。
- It is difficult to agree with your proposal.

> ＊ "I cannot agree with your proposal" という表現を婉曲にした表現。

私は違う意見です。
- I have another opinion.
- That may be true, but I ...

おおむね賛成ですが、〜
- I almost agree with you, but ...
- I basically agree with you, but ...
- For the most part, that's true, but ...

> ＊これらの表現は、almostなどによって、これから反対意見を述べることを示唆している。"I agree with you, but ..." は、賛成したあとに反対するため、避けたほうがよい。

おっしゃることはわかりますが、販売コストがかかりすぎます。
- I understand what you are saying. However, the sales

cost is too high.

それはちょっと無理だと思います。
- I'm afraid that's impossible.
- I'm sorry, but that's really not possible.

コラム
欧米人はYes / Noをはっきり言う？

　よく、「欧米人はYes/Noをはっきり言う」と言われますが、実は、そうでもありません。Yesははっきり言いますが、Noははっきり言わないことがあります。
　Noを表現するときは、婉曲的な表現を使うことが多いです。ここで紹介している「反対する」の表現でも、Noやdisagreeという直接的な表現は使っていません。いずれも、婉曲的な表現で言い換えていたり、"I'm afraid"のような表現を先に置いたりしていることに注意してください。
　この点は、日本語と共通します。「反対です」と明言せず、「それはどうかな？」と婉曲的に表現したりします。英語でも、"I disagree with you."と言えば、けんかを売っているような印象を与えかねません。
　ただし、欧米人は、婉曲的な表現を使いながらも、Noであることをはっきり伝えます。日本人は、ときとしてYes/Noがはっきりわからないような答えを述べることがあります。ここが少し違うところです。

コラム
another か、the other か？

otherの正確な使い方を知っていますか？ otherの誤用は誤解を招くので、正確に覚えておきましょう。

the other ：残った1個を指す
the others：残ったすべて（複数）を指す
another ：残ったうちの任意の1個を指す
others ：残ったうちの任意の複数を指す

the otherと言うべきとき、つまり、1個しか残っていないときにanotherと言うと誤解を招きます。anotherは複数残っていることが前提の語なので、聴衆は「ほかに何か別のものが残っているのか？」と疑問に思ってしまうかもしれません。

たとえば、赤いマーカーが2本、青いマーカーが1本、黒いマーカーが2本あったとします。次のように表現します。

赤　赤　　青　　黒　黒
　①　　　②　　　③

There five markers.
　① **Two are red.**
　② **Another is blue.**
　③ **The others are black.**

赤　赤　　青　　黒　黒
　①　　　③　　　②

There five markers.
　① **Two are red.**
　② **Others are black.**
　③ **The other is blue.**

5 Transition

順番を示す

最初に~、2番目に~、3番目に~、最後に
- First, ... Second, ... Third, ... Last, ...
- Firstly, ... Secondly, ... Thirdly, ... Lastly, ...

最初に~、次に~、さらに次に~、最後に
- First of all, ... Then, ... Next, ... Finally, ...

> * 「はじめに、第一に」を表す英語は、first, firstly, first of all などを使う。最も一般的なのは first で、firstly は first よりやや堅く、first of all は強調したいときに使う。

対比する

これに対して、
- In contrast, ...
- On the other hand,

対照的に、
- As opposed to, ...

ほかのケースと比べると、
- In comparison with other cases,

最初は、~ しかし、~
- At first ~. But ~

> *at first は、「はじめに、第一に」という意味ではない。「はじめは (~だったが、後にはそうではなかった)」という意味。

ほかを参照する

先ほど述べたように、
- As I mentioned earlier, ...
- As I have already said earlier ...

これについてはあとで詳しく述べます。
- We will see this a little later on.
- We will go into more detail on that later.

パート1で見たように、
- As we saw in part one ...

注意を引く

お気づきかと思いますが、
- As you are probably aware of ...

よくご存知かもしれませんが、
- As you all may well know ...

＊助動詞を使わない "As you know, ..." という表現は避けたほうが無難。そのことを知らない聴衆がいた場合、その聴衆を不快にさせかねない。

これは何を意味するのでしょう。
- Where does that lead us?
- What does this mean for ABC?

この点についてもう少し詳しく考えてみましょう。
- Let's consider this in more detail ...

話を移す

では、次に〜に話を移しましょう。
- Now, I'd like to move on to ...

- Can we move on to ...
- Now we'll move on to ...
- Let's turn to ....
- Let me turn now to ...

話を戻しましょう。
- Now, I'd like to go back to ...
- Let's get back to the topic.

話をまとめる

この結果、
- Consequently
- a result of this,
- This results in,

まとめると、
- In summary, ...
- To review, ...
- To summarize, ...
- To sum up, ...

要するに、
- In short, ...
- In conclusion, ...
- in brief, ...

〜について話してきました。
- Well, I've told you about ...
- We've looked at ...

言い換える

言い換えれば、
- In other words, ...
- In another way, ...
- To rephrase, ...
- Let me rephrase that, ...

とにかく、
- At any rate, ...

別の言い方をすれば、
- To put it another way,

違う言い方にしてみましょう。
- Let me say it a different way.

6 Conclusion

まとめる

終わりに、プレゼンテーションをまとめたいと思います。
- In closing, I would like to summarize the points of my presentation.
- Now, let us summarize the main points.

結論として、新製品の特徴をまとめておきましょう。
- In conclusion, I would like to emphasize the features of this new product.
- I'd like to conclude by emphasizing the features of this new product.

今までお話してきましたように～
- I have shown you ...
- as we have seen today ...

結論として私が申し上げたいのは、
- In conclusion I would like to say that ...

まとめますと、食品安全性は、1993年から1998年の間に大きく進歩したのです。
- In summary, large improvements in food safety were seen between 1993 and 1998.

ABC社は提案を拒否すべきであるという結論に達しました。
- We have come to the conclusion that ABC Corporation should reject the proposal.
- In conclusion, ABC Corporation should reject the proposal.

7 覚えておきたい定型の英語表現

これまで述べてきたことを繰り返しますと、
- To repeat what I've said so far, ...

〜について私がお伝えしたいのは以上です。
- That's all I have to say about ...

確認する

最後に、次のポイントについて確認しておきたいと思います。
- In closing, I would like to emphasize the following points again.

本日のポイントについて振り返ってみましょう。
- Let us review what I mentioned today.
- I would like to run over the main points.
- Finally, may I remind you of some of the main points we've considered.
- Finally, let me remind you of some of the issues we've covered.
- Let's summarize briefly what we've looked at.
- Let me just run over the key points again.

最後に次のことを確認して終わりたいと思います。
- I would like to finish by reminding everyone that ...

7 Closing

しめくくる

新商品を紹介する機会を与えていただきまして、ありがとうございました。
- I thank you for this opportunity to introduce our new product.
- I appreciate your giving me the time to introduce our new product. Thank you.

マーケティング戦略についてお話しました。どうもありがとうございます。
- I've been talking about our marketing strategy. Thank you.

＊このように、トピックを繰り返して、"Thank you." で終わるのが、最も簡単で無難な終わり方。

私の話が、皆さんのビジネスにとってお役に立てば幸いです。
- I hope my presentation has been of some help to your business.

ご清聴ありがとうございました。
- Thank you.
- Thank you for your attention.
- Thank you for listening.

＊しめくくりの言葉として、"That's all."（以上です）を使うのは避けたほうが無難。
＊attention には your がつくが、listening には your がつかない。

時間が来たようです。どうもありがとうございました。
- Well, I think we are about out of time. Thank you very much.

覚えておきたい定型の英語表現

謝辞を述べる

ボストンで研究する機会を与えてくださいましたスミス博士に、厚くお礼を申し上げたいと思います。
- I would like to express my sincere thanks to Dr. Smith for giving me the opportunity to study in Boston.

調査や研究に対して励ましをいただきましたスミス教授にも、深く感謝の意を捧げたいと思います。
- I am also deeply grateful to Professor Smith, who has inspired me in my research and studies

会議を主催してくださったかたがたにお礼を申し上げます。
- I wish to express my sincere gratitude to the conference organizers.

＊単に感謝するだけではなく、どのような支援をいただいたかを具体的に述べます。

フォローアップする

何かほかにご質問がありましたら、遠慮なくご連絡ください。
- If you have any further questions, please don't hesitate to contact me.

さらなる情報が必要な場合は、お知らせください。
- Please let me know if you need further information.

当社の製品についてさらに詳しくお知りになりたい場合は、ホームページをご覧ください。
- If you would like to learn more about our products, please visit our website.

8 Q & A

質問を促す

質問はありませんか？
- Do you have any questions?
- If you have any questions, I'd be happy to answer them.
- I'd be glad to answer any questions now.

遠慮なく質問してください
- Please do not hesitate to ask a question.
- Please don't be shy.

ほかに質問はありませんか？
- Are there any further questions?

質問があれば、喜んでお答えいたします。
- If you have any questions, I would be happy to answer them.

時間の関係で、質問はお一人につき1つでお願いします。
- Because of the time, please limit yourselves to one question each.

あと1つだけ、質問をお伺いします。
- I'm sorry, but I think we can accept only one more question.
- I think we only have time for one more question.

時間があまりありませんが、ご質問を2、3お受けします。
- There isn't much time left, but I'd be happy to take a few questions.

もう少し時間があるようです。
- We still have several minutes.

質問を聞き返す

もう一度、言っていただけますか？
- Could you say it again?
- Would you please repeat it?

* "repeat it again" は冗長。
* "Could you/ Would you" が、丁寧さとしては無難。

質問の意図がよく理解できませんでした。
- I'm not sure I understand the point of your question.

もう一度、質問をおっしゃっていただけますか？ よく理解できませんでした。
- Could I ask you to say your question one more time? I did not really understand it.

申し訳ありませんが、聞き取れませんでした。もう少し大きな声でおっしゃっていただけますか？
- I am sorry, but I did not catch what you said. Could you speak a little louder?

質問を確認する

〜ということですか？
- Are you asking that ...?
- Do you mean that ...?

〜という趣旨でしょうか？
- Are you trying to say that ...?

ご質問は〜と理解したのですが、正しいでしょうか？
- I understand your question is ... Am I right?

- If I understand you correctly, ... Is that right?

質問は、～ということでした。
- The question was ...
- I've been asked ...

質問に答える

いい質問ですね。
- That's a good question.
- I appreciate your question.
- Good point.

＊本当に「いい質問」と思っていなくても、間を取るために発することがある。

難しい問題です。
- That's a tough/hard question.

ご質問にお答えいたしましょう。
- I would like to answer your question.

私が言いたかったのは～ということです。
- What I mean is that ...
- What I am trying to say here is ...

答えを避ける

その質問については、プレゼンテーションの最後でお答えいたします。
- I'll be happy to answer your question at the end of my presentation.
- If you don't mind, could I ask to hold your question until the end?

申し訳ありませんが、わかりません。
> ●I am sorry, but I have no idea.

> * "I have no idea." や "I don't know." では格好がつかないので、"That's our next topic." や "I'm researching it now." のようにして答えを避けるほうがスマート。

申し訳ありませんが、その件は私の専門外です。
> ●I am sorry, but I am not familiar with that area.

申し訳ありませんが、現時点ではその質問にはお答えできません。
> ●I am sorry, but I cannot answer that question.

申し訳ありませんが、これ以上の詳細はお答えできません。
> ●I am afraid I cannot give you any further details.

申し訳ありませんが、その件は秘密事項です。
> ●I am sorry, but that's confidential.

申し訳ありませんが、データがありません。
> ●I'm afraid I don't have that data with me.

申し訳ありませんが、個人的なことなのでお答えできません。
> ●I am afraid I cannot answer that question because it is a personal matter.

微妙な問題なので、ここで議論すべきではないと思います。
> ●Since this is a very delicate matter, we should not discuss it here.

(調べて) 明日連絡するということでよろしいでしょうか？
> ●May I get back to you tomorrow?
> ●Can I get back to you on that tomorrow?

あとで個別にお話ししましょう。
- I'll talk to you individually.

即答できませんが、明日ならお答えできます。
- I cannot answer that question right at this time, but I can give you an answer tomorrow.
- I am afraid I cannot give you an answer now, but I can contact you tomorrow if you like.

残念ながら時間が十分なくて、納得いただける回答ができません。プレゼンテーションのあとで、討議できればと思います。
- I'm afraid there isn't enough time to give a good answer. I'd be happy to discuss it with you after the presentation.

興味深いポイントです。あなたはどう思いますか？
- Interesting. What do you think?

＊適切な答えが見つからないときは、質問をそのまま質問者に投げ返すのもテクニック。

答えを確認する

答えになっていますでしょうか？
- Does that answer your question?
- I hope I have answered your question.

Q&Aを終える

質問がないようでしたら、終わりにしたいと思います。
- If there are no further questions, I'll end here.
- If not, I'll finish my presentation.

残念ながら時間が来たようです。
- I'm afraid my time is up.
- I'm afraid we are out of time now.

コラム
質問を受ける基本

　プレゼンテーションの最後はQ&Aです。ここをスマートに乗り切れば、聴衆の印象もぐっとよくなります。

　まず、質問を受けたら、質問内容を言い換えて確認しましょう。英語が苦手でも、よほど単純な質問以外、このステップを省略してはいけません。質問を十分理解していないと、的外れな回答を述べかねません。

　質問は、全部聞いてから答えましょう。予想していた質問であっても、待っていましたとばかりに答えてはいけません。最後まで聞いて、内容を確認してから答えましょう。途中で遮って回答し始めると、ミスコミュニケーションを招きかねませんし、質問した人もいい気持ちはしません。

　質問が複数あるなら、質問内容をメモに取りましょう。よく、「2番目の質問は何でしたっけ？」などと尋ねているプレゼンターを見かけますが、いい加減なイメージを与えかねません。しっかりメモした上で、すべての質問に速やかに答えられると、プレゼンターの誠意が伝わります。

　質問をはぐらかさずに正直に答えましょう。わからないのにわかったふりをして答えると、墓穴を掘りかねません。わからない場合や何らかの事情で即答しにくい場合は、あとで個別に回答すると述べましょう。

　なお、Q&Aを速やかに進めるために、スライドには通し番号を打っておきましょう。質問箇所のスライドが簡単に指定できます。また、プレゼンターは、スライド一覧を印刷して手元に用意しておくと便利なときがあります。

8 プレゼンの基本フォーム

本章では、学習した内容を活用して作成したプレゼンテーションの例を紹介します。全部で4種類のプレゼンテーションを掲載しています。いずれも、1枚目のスライドで、全体の構成を示していますので、ここで全体像やその論理性を確認してください。各スライドには、話すべき内容を英文で、その対訳を日本語で付けました。また、内容構成、スライドのデザイン、英語表現で確認してほしいポイントも指摘しています。学習した内容を確認してください。

1 製品説明
2 売り上げ報告
3 ソリューション提案
4 学会発表

1 成功するプレゼンへの道	2 プレゼンの準備（6W2H）	3 内容構成技術	4 スライド作成技術
5 デリバリー技術	6 理解度を高める英語技法	7 覚えておきたい定型の英語表現	8 プレゼンの基本フォーム

1 製品説明

プレゼンの目的：

ホテルチェーンを展開している会社に対して、自社のオーガニックタオルを、ホテルのアメニティグッズとして採用してもらうために、その特長を説明する。

全体構成：

1. 表　　　紙：定例的な挨拶の後、目的を述べる
2. 目　　　次：プレゼンテーションのポイントと全体像を示す
3. 現状分析：顧客のニーズを分析する
4. 製品特長：オーガニックタオルの特長を3つ紹介する
5. 反　　　論：デメリットと思われている点について反論する
6. ま と め：全体を総括する

> 英 語

　Good afternoon, everyone. Thank you for the opportunity to give this presentation today. I am Hisanobu Sato, sales manager at Nature Loving Corporation.
　I would like to introduce our organic towels, which are very suitable for your hotels. As you may know, people today, especially young women, are becoming more nature-conscious. I am sure that the organic towels Nature Loving offers will please female guests, who are one of your business's main targets. I believe that our organic towels will also satisfy male guests with their high quality. The Nature Loving Organic Towel guarantees you greater guest satisfaction.

日本語

　皆さん、こんにちは。今日はプレゼンテーションの機会を与えてくださってありがとうございました。私は、佐藤久信と申しまして、ネイチャー・ラビング社の営業部長を務めております。
　今日は、御社が展開しておりますホテルに最適のオーガニックタオルをご紹介したいと思います。ご存知のように、若い女性を中心に自然志向が高まっています。そこで、ネイチャー・ラビングのオーガニックタオルを御社のホテルに導入いただければ、御社が主たるターゲットに置いている女性客に好評いただけるものと確信しております。さらに、その品質の高さから、男性客にもご満足いただけるものと存じます。ネイチャー・ラビングのオーガニックタオルは、いっそうの顧客満足をお約束いたします。

> ## Contents
>
> ○ "Nature-conscious" is the key of CS
>
> ○ Features of organic towels
>
> ○ Any disadvantages?

英　語

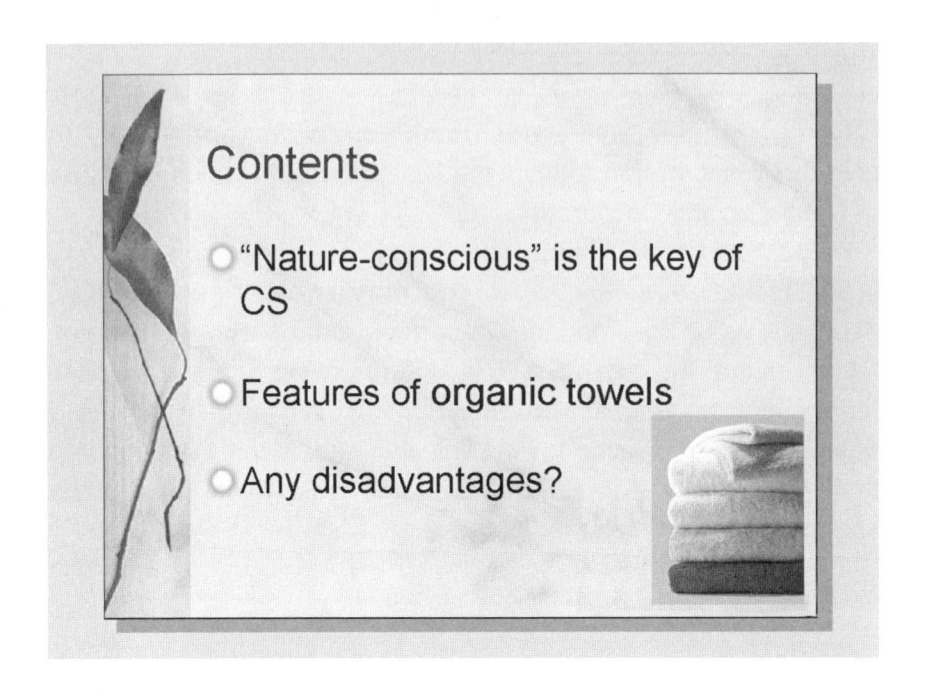

　First, I will show you the size and situation of the market trend for natural products. Then, I will explain the features of our organic towels-soft, safe, and environmentally friendly. Finally, I will discuss two of your main concerns, cost and durability.

日本語

　では、まず、いかに自然志向が高まっているか、その現状についてご説明します。次に、ネイチャー・ラビングのオーガニックタオルの特長である、肌触りのよさや、安心して使える点、さらに環境にも配慮されている点についてご説明します。最後に価格や耐久性について不安があろうかと存じますので、その点についてお答えしていきたいと思います。

ポイント

最初にポイントと全体像を示す
ここでは、目次を使ってプレゼンテーションのポイントを紹介しています。プレゼンテーションの序論に相当します。また、ポイントを紹介すると同時に、プレゼンテーションの構成（全体像）も紹介しています。
→参考：「最初にポイントと全体像を示す」（50ページ）

情報を絞る
全体構成をわかりやすくするため、情報を絞っています。全体を3つのパートに分けることでわかりやすく構成しています。
→参考：「情報を絞る」（57ページ）

スライドを明確に接続する
目次だけで論理が追えるように情報をしっかり接続しています。
→参考：「スライドを明確に接続する」（63ページ）

不要な関係代名詞を削除する
"I will discuss two of your main concerns, cost and durability." という英文では、concernsとcostの間に "which are" という関係代名詞が省略されています。"main concerns" と "cost and durability" とを、同格のカンマでつないでいます。このように、不要な関係代名詞は削除しましょう。
→参考：「スライドの英語は短く表現する」（141ページ）

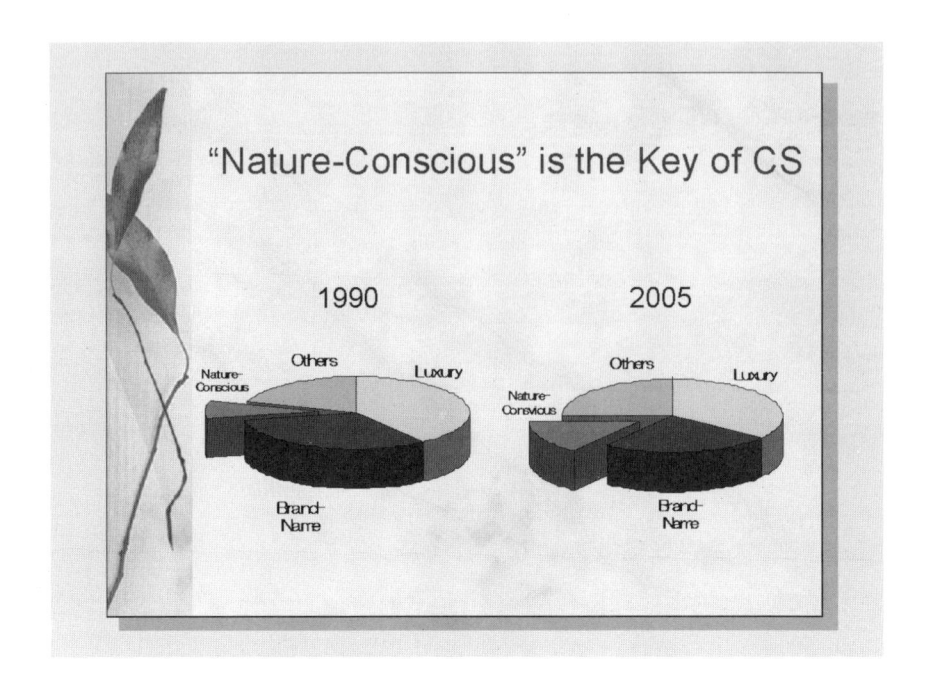

"Nature-Conscious" is the Key of CS

1990
- Nature-Conscious
- Others
- Luxury
- Brand-Name

2005
- Nature-Conscious
- Others
- Luxury
- Brand-Name

英 語

　First, along with the booming demand for natural products, amenity goods made of natural materials are becoming major factors in increasing guest satisfaction. This graph shows the results of surveys conducted in 1990 and 2005 to find out what hotel guests want from amenity goods. Please notice that the demand for "natural goods" in 2005 is three times higher than it was in 1990. Obviously, amenity goods made of natural materials are becoming a key to guest satisfaction. As such, I would like to suggest our organic towels as an amenity item at your hotels.

日本語

　現在、自然志向の高まりとともに、自然志向のアメニティグッズが、お客様の満足度を高める重要項目になりつつあります。こちらのグラフをご覧ください。これは、ホテルのアメニティグッズに何を求めるかを、1990年と

2005年で調査した結果です。注目してほしいのが、この「自然志向のアイテム」です。1990年と比べると、2005年では約3倍になっています。このように、自然志向のアメニティグッズは、お客様の満足度を高めるキーとなりつつあります。そこで、ネイチャー・ラビングのオーガニックタオルをアメニティアイテムとしてご提案します。

ポイント

要点から話す

まず、"Amenity goods made of natural materials are becoming major factors in increasing guest satisfaction."（自然志向のアメニティグッズが、お客様の満足度を高める重要項目になりつつある）と、スライドのポイントを述べています。その後、データでそのポイントを補強しています。さらに、スライドの最後で、"Amenity goods made of natural materials are becoming a key to guest satisfaction."（自然志向のアメニティグッズは、お客様の満足度を高めるキーとなりつつある）と、念押ししています。

→参考：「要点から話す」（54ページ）

グラフを見やすく作る

グラフは、凡例を使わないことで見やすくしています。趣旨とは無関係な細かい項目は、"others" としてまとめています。また、"nature-conscious" の部分を、パイグラフから飛び出させることで、強調しています。

→参考：「グラフを見やすく作る」（78ページ）

Features of Organic Towels

○ Soft and super-absorbent

○ Safe to use

○ Environment-friendly

英　語

　　Second, three important features of this product are: they are soft and super-absorbent, safe to use, and environment-friendly.

　　The first feature is that organic towels excel in softness and absorb water well. The softness and absorbency inherent in cotton are retained with chemical-free processing. In order to maximize softness and absorbency, the Nature Loving Organic Towel employs thick and short loops.

　　The second feature is that organic towels are safe even for small children and people with sensitive skin. This safety is due to the chemical-free processes. The cotton that the Nature Loving Organic Towel is made of does not use pesticides, brightening chemicals, or shrink-resistant agents.

　　In addition, organic towels are friendly to the environment. As already mentioned, we do not use pesticides, brightening chemicals, or shrink-resistant agents in our growing and manufacturing processes, that harm the environment. Since the towels are made of pure cotton, they can be easily recycled after use.

With these three features, the Nature Loving Organic Towel guarantees you greater guest satisfaction.

日本語

　ネイチャー・ラビングのオーガニックタオルの特長は3つあります。肌触りと吸水性がよいこと、安心して使えること、そして環境に優しいことです。

　第1に、オーガニックタオルは、抜群の肌触り、吸水性を有しています。なぜなら、オーガニックタオルは、薬品加工されていないため、コットンが本来持つ肌触り、吸水性を失わないからです。ネイチャー・ラビングのオーガニックタオルでは、その肌触りと吸水性を最大限活かすために、短く太いループを採用しています。

　第2に、オーガニックタオルは、小さなお子様や肌にトラブルをお持ちの方にも安心してお使いいただけます。というのも、薬品加工されていないため安全だからです。ネイチャー・ラビングのオーガニックタオルは、原料であるコットンに農薬はもちろん増白剤や防縮剤も使用していません。

　第3に、オーガニックタオルは、環境にも優しいのです。農薬や増白剤、防縮剤を使用していませんので、製造工程において環境を汚染しません。純粋なコットンなので、使用後のリサイクルも容易です。

　このように、ネイチャー・ラビングのオーガニックタオルは、いっそうの顧客満足をお約束いたします。

ポイント

要点から話す

まず、3つの特長、"soft and super-absorbent, safe to use, and environment-friendly"（肌触りと吸水性がよいこと、安心して使えること、そして環境に優しいこと）を述べています。その後、この順番で1つずつ説明しています。

→参考：「要点から話す」(54ページ)

情報を絞る

特長を印象に残すため、3つに絞っています。

→参考：「情報を絞る」(57ページ)

ナンバリング&ラベリングを使う

3つの特長にラベルを貼りながら、番号をつけて説明しています。

→参考：「ナンバリング&ラベリングを使う」(114ページ)

正しく並列する

3つの特長の説明は、おおむね並列しています。まず、ポイントを述べ、次に、なぜその特長を持つのかを説明し、最後に、自社の工夫を述べています。

→参考：「正しく並列する」(60ページ)

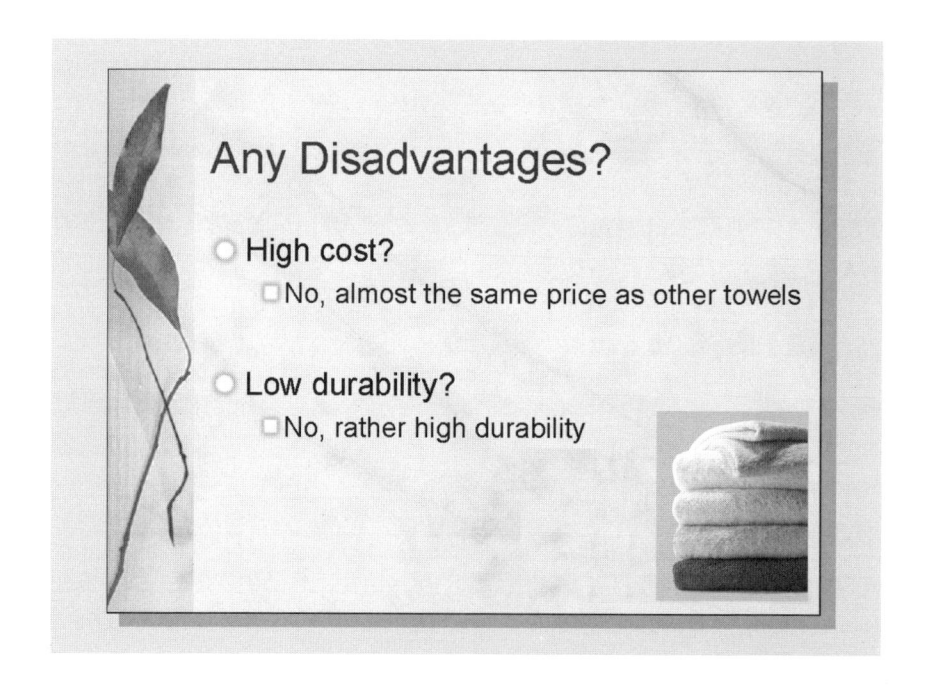

Any Disadvantages?

- High cost?
  - No, almost the same price as other towels

- Low durability?
  - No, rather high durability

英　語

　　Finally, despite the many advantages of this organic towel, some of you may be thinking that there must be disadvantages, such as high cost or low durability. However, the price is no higher than that of a regular towel. Though cotton as a material costs somewhat more, our chemical-free processing keeps costs down. As for durability, this organic towel actually lasts longer than a conventional towel. The more you wash it, the more you enhance its natural cotton touch and texture.

日本語

　　いいことずくめのオーガニックタオルですが、皆さんの中には、「何かデメリットがあるに違いない」とお思いの方もいるでしょう。高価であるとか、耐久性がないとかです。しかし、価格は通常のタオルと変わりません。確かに原料のコットンは多少高くなりますが、薬品加工がない分、コストダウンが可能なのです。また、耐久性はむしろ通常のタオルよりも高くなります。洗うにしたがって、コットンが本来持つ風合いや肌触りが楽しめるのです。

ポイント

要点から話す

ここでは要点が最初に述べられていません。聞き手の興味を引くために自問自答の形を取っています。プレゼンテーションでは要点から話すのが基本ですが、ときにはこのように、変化を持たせることで聞き手の興味を引く手法も使うと効果的です。

→参考：「要点から話す」（54ページ）

正しく並列する

２つのポイントは並列して述べられています。特にスライドでは、並列での表現がわかりやすさを生んでいます。

→参考：「正しく並列する」（60ページ）

Conclusion

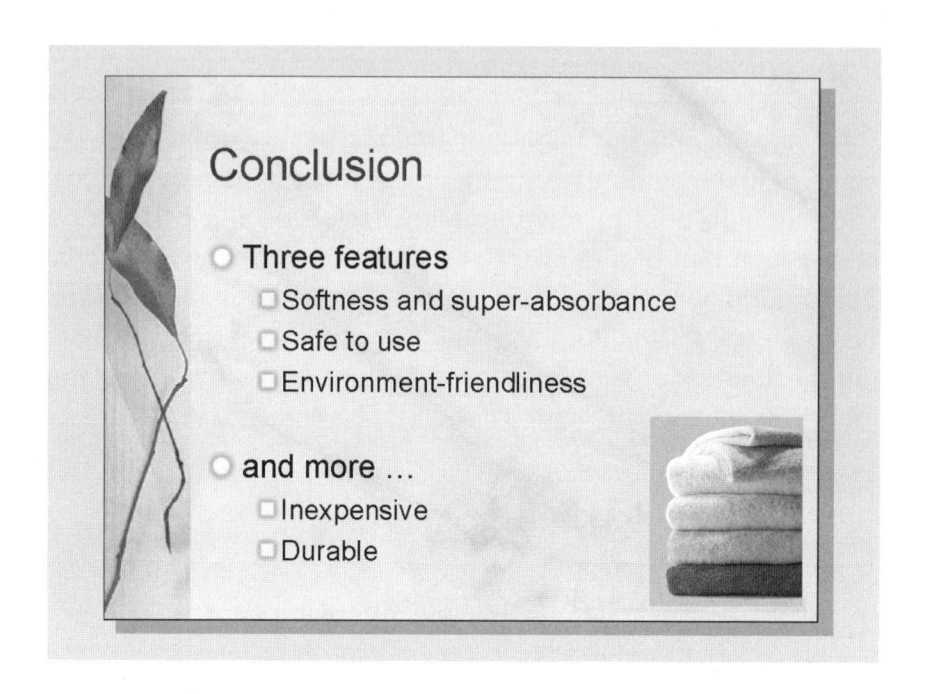

- Three features
  - Softness and super-absorbance
  - Safe to use
  - Environment-friendliness
- and more …
  - Inexpensive
  - Durable

英 語

The Nature Loving Organic Towel features softness and super-absorbance, safety, and environment-friendliness. In addition, it is inexpensive and durable. The Nature Loving Organic Towel guarantees you greater guest satisfaction. I hope you will choose this product at this time. Thank you.

日本語

以上のように、ネイチャー・ラビングのオーガニックタオルは、肌触りと吸水性がよい、安心して使える、そして環境に優しいという特長を有しています。しかも、安価で長持ちします。ネイチャー・ラビングのオーガニックタオルは、いっそうの顧客満足をお約束いたします。ぜひ、ご検討のほど、よろしくお願いします。ありがとうございました。

> ポイント

最後の強調のポジションを活用する

最後に全体を総括することで、重要なポイントを念押しします。述べたことを述べた順にまとめましょう。述べていないポイントを、ここではじめて述べてはいけません。

→参考：「要点から話す」（54ページ）

キーセンテンスを作る（What）

このプレゼンテーションでは、"The Nature Loving Organic Towel guarantees you greater guest satisfaction."（ネイチャー・ラビングのオーガニックタオルは、いっそうの顧客満足をお約束いたします）がキーセンテンスです。このキーセンテンスをプレゼンテーションで何度も繰り返しています。

→参考：「キーセンテンスを作る（What）」（41ページ）

キーワードを主語にする

このプレゼンテーションでは、"The Nature Loving Organic Towel" がキーワードなので、このキーワードをなるべく主語に使っています。これにより、キーワードが聴衆の印象に残ります。

→参考：「キーワードを主語にする」（120ページ）

2 売り上げ報告

Sales Results & Strategies
2006.3Q

プレゼンの目的：

社内会議にて、2006年第3四半期における日本地区の売り上げ結果を報告する。

全体構成：

1. 表　　　　　　　　紙：社内なので挨拶は省略して、目的を述べる
2. 売 り 上 げ の 総 括：第3四半期の売り上げを総括する
3. インターネットでの売り上げ：データで詳細に説明し、今後の予想も述べる
4. 企業向けの売り上げ：データで詳細に説明し、今後の予想も述べる
5. 小売店での売り上げ：データで詳細に説明し、今後の予想も述べる
6. 第 4 四 半 期 の 対 策：2つの対策を述べる
7. ま　　と　　め：全体を総括する

英　語

Here is the report of our sales in Japan in the third quarter of 2006.

日本語

それでは、2006年第3四半期における日本地区の売り上げ結果をご報告いたします。

英文法のポイント

冠詞の付け方

冠詞をマスターするには、次の3点が重要です。

- 単数の可算名詞には、原則として冠詞がつく
- 「例の、あの」のように特定できるか、もともと1つしかないならtheを付ける
- 複数あるうちのある1つを指すならa/anを付ける

たとえば、上記の英文でreportは単数の可算名詞なので、冠詞が必要です。ここで、不定冠詞aをreportの前に付けると、2006年第3四半期における日本地区の売り上げ結果報告書が複数あって、そのうちの1つという意味になります。しかし、売り上げ結果報告書は1つしかないはずですからtheを付けるのです。

同じく、quarterも単数の可算名詞なので、冠詞が必要です。aを付けてしまうと第3四半期が複数あって、そのうちの1つという意味になってしまいます。第3四半期は1つしかないのですからtheを付けます。

Overall Analysis

(bar chart showing quarterly sales from 2005/4Q to 2006/3Q, broken down by Retail, Corporate, and Internet, with 2006/3Q at 122%)

英 語

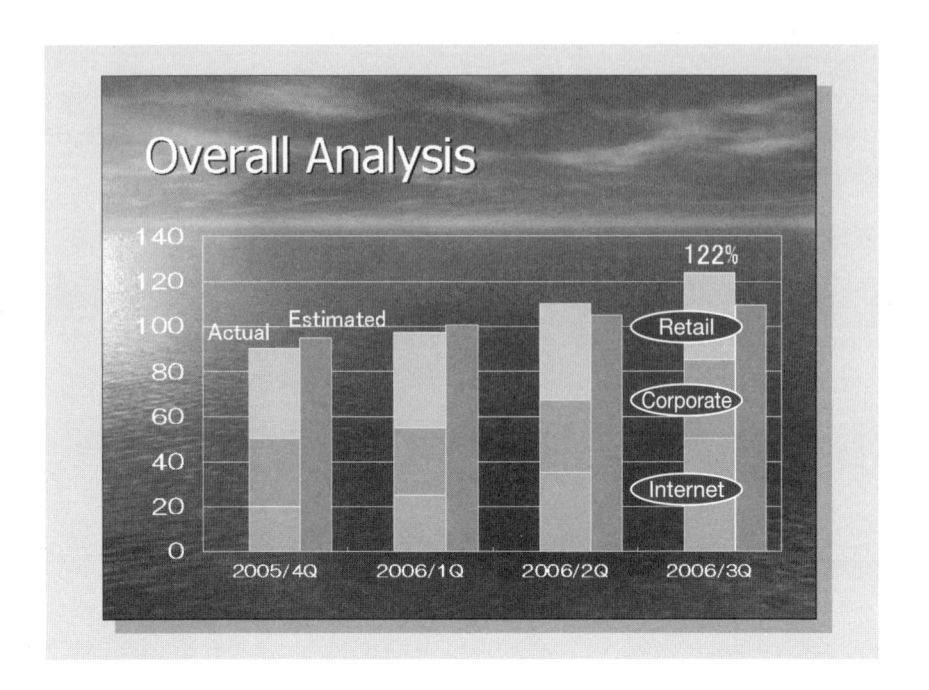

We had great sales in the third quarter of $124M (approximately 122% of the estimate). Sales over the Internet were especially high. Corporate shipments were good, led by Japan's economic recovery, while retail sales were lower than anticipated. In the fourth quarter, we aim to recover our sales at retail stores by launching various campaigns there while retaining our focus on sales over the Internet.

日本語

　第3四半期総売り上げは124M$（予算比約122%）と好調でした。特に、インターネット通販が好調でした。また、企業向けの出荷も、景気回復の影響を受けて好調でしたが、小売店での売り上げは、予算を下回りました。第4四半期は、インターネット通販に重点を置きつつ、小売店向けのキャンペーンで、小売店での売り上げ回復を図る予定です。

👉 ポイント

最初にポイントと全体像を示す

ここでは、グラフを使って、第3四半期の総売り上げがよかったことを示しています。プレゼンテーションの序論に相当します。目次は示されていませんが、説明内容から、この後は、インターネット通販、企業向けの出荷、小売店での売り上げの順に説明し、最後に、第4四半期の対策を述べるという、全体像も予測できます。

→参考：「最初にポイントと全体像を示す」（50ページ）

要点から話す

まず、"great sales in the third quarter of $124M (approximately 122% of the estimate)."（124M$、予算比約122%と好調でした）と、第3四半期の総売り上げを総括した1文で説明を始めています。その後、インターネット通販、企業向けの出荷、小売店での売り上げと項目別の総括に入っていきます。

→参考：「要点から話す」（54ページ）

グラフを見やすく作る

グラフは、凡例を使わないことで見やすくしています。また、第3四半期の総売り上げがよかったことも強調しています。

→参考：「グラフを見やすく作る」（78ページ）

印象のよい表現を使う

売り上げの好調な順に述べることで、小売店での売り上げ不振を目立たないように表現しています。

→参考：「印象のよい表現を使う」（138ページ）

英　語

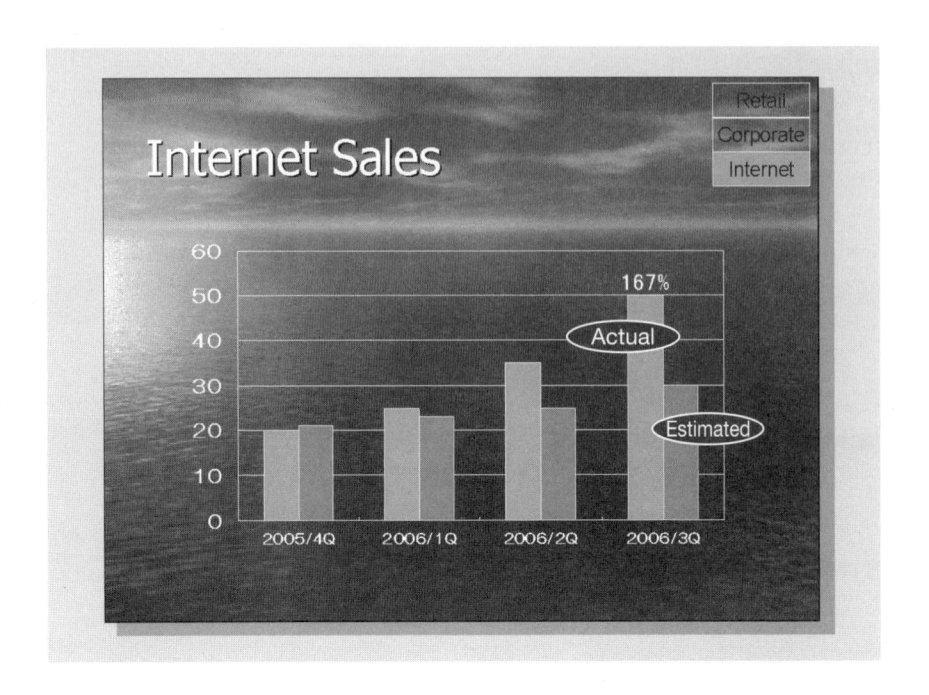

　　Internet sales were excellent, at $50M in the third quarter. This is 167% of the estimate. Considering that sales were only $32M in the second quarter, this is a dramatic increase. One of the reasons for this growth is that the convenience of Internet shopping has been widely recognized by the public as it becomes more popular. Our efforts to enhance the website for Internet shopping before our competitors did also contributed to this increase. We expect these sales to continue to increase in the future.

日本語

　　インターネット通販は、第3四半期の売り上げが50M$と、非常に好調でした。これは、予算の167%になります。第2四半期では32M$だったのですから、急激に伸びております。この急激な伸びは、インターネット通販が世間一般に広まるにつれ、その利便性の高さが認知されたためと考えます。

また、当社が、競合他社に先駆けて、ホームページのインターネット通販を充実させたことも一因と考えます。今後も、さらに伸び続けるものと予想しています。

🖐 ポイント

要点から話す

まず、"Internet sales were excellent, at $50M in the third quarter. This is 167% of the estimate."（インターネット通販は、第3四半期の売り上げが50M$と、非常に好調でした。これは、予算の167%になります）と、このスライドのポイントから説明を始めています。その後、四半期ごとの推移や、好調の理由、今後の見通しなど、詳細説明に入っていきます。

→参考：「要点から話す」（54ページ）

グラフを見やすく作る

グラフは、凡例を使わないことで見やすくしています。また、第3四半期の売り上げがよかったことも強調しています。

→参考：「グラフを見やすく作る」（78ページ）

正しく並列する

このスライドの内容と、後続の2枚のスライドは並列しています。これ以降3枚のスライドで、インターネット通販、企業向けの出荷、小売店での売り上げを説明しています。その説明が、総括、四半期ごとの推移、その理由、今後の見通しという内容で並列しています。

→参考：「正しく並列する」（60ページ）
→参考：「パラレリズムを守る」（128ページ）

現在位置を示す

スライドの右上に、Retail/Corporate/Internetという3部門のどこを説明しているかをイラストで示しています。これにより、Overall Analysisのスライドとの対応も明確にしています。

→参考：「現在位置を示す」（68ページ）

英 語

Corporate sales also remained high at $35M, 117% of estimated sales. Considering that the sales in the second quarter were at approximately the same level, it seems that corporate sales are steady. The reason is that corporations have increased their capital investments following the economic recovery. Thus corporate sales are likely to increase steadily for a while into the future.

日本語

企業向けの売り上げも、35M$と好調を維持しました。これは予算比で117%になります。第2四半期でもほぼ同額でしたので、企業向けの売り上げは、ここしばらく堅調に推移しております。この背景には、景気の回復を受けて、企業の設備投資が増えたことが挙げられます。今後もしばらくは、堅調に推移するものと思います。

👉 ポイント

要点から話す

まず、"Corporate sales also remained high at $35M, 117% of estimated sales." (企業向けの売り上げも、35M$と好調を維持しました。これは予算比で117%になります) と、このスライドのポイントから説明を始めています。その後、四半期ごとの推移や、好調の理由、今後の見通しなど、詳細説明に入っていきます。

→参考：「要点から話す」（54ページ）

グラフを見やすく作る

グラフは、凡例を使わないことで見やすくしています。また、第3四半期の売り上げがよかったことも強調しています。

→参考：「グラフを見やすく作る」（78ページ）

正しく並列する

このスライドの内容と、前後2枚のスライドは並列しています。前後3枚のスライドで、インターネット通販、企業向けの出荷、小売店での売り上げを説明しています。その説明が、総括、四半期ごとの推移、その理由、今後の見通しという内容で並列しています。

→参考：「正しく並列する」（60ページ）
→参考：「パラレリズムを守る」（128ページ）

現在位置を示す

スライドの右上に、Retail/Corporate/Internetという3部門のどこを説明しているかをイラストで示しています。これにより、Overall Analysisのスライドとの対応も明確にしています。

→参考：「現在位置を示す」（68ページ）

Retail Sales

(Retail / Corporate / Internet)

| | 2005/4Q | 2006/1Q | 2006/2Q | 2006/3Q |

Actual / Estimated

英　語

　Retail sales were not so high, at $39M, 93% of prior estimates. It is a dramatic decrease compared to the sales in the second quarter of $43M. This is because A Company launched a major campaign at retail stores, which cut into our floor space. In the fourth quarter, we plan to launch campaigns at stores in order to make a comeback.

日本語

　小売店での売り上げは39M$、予算比で93%と、低調でした。第2四半期では43M$だったのですから、急激に落ち込んでいます。これは、A社が小売店店頭で大規模キャンペーンを仕掛けてきたためです。その結果、当社の製品の売り場が縮小されてしまいました。第4四半期には、当社も小売店向けのキャンペーンを展開し、盛り返しを図るつもりです。

👉 ポイント

要点から話す

まず、"Retail sales were not so high, at $39M, 93% of prior estimates."（小売店での売り上げは39M$、予算比で93%と、低調でした）と、このスライドのポイントから説明を始めています。その後、四半期ごとの推移や、不調の理由、今後の見通しなど、詳細説明に入っていきます。

→参考：「要点から話す」（54ページ）

グラフを見やすく作る

グラフは、凡例を使わないことで見やすくしています。第3四半期の売り上げがよくなかったことは、悪いニュースなので強調していません。

→参考：「グラフを見やすく作る」（78ページ）

正しく並列する

このスライドの内容と、前の2枚のスライドは並列しています。3枚のスライドで、インターネット通販、企業向けの出荷、小売店での売り上げを説明しています。その説明が、総括、四半期ごとの推移、その理由、今後の見通しという内容で並列しています。

→参考：「正しく並列する」（60ページ）
→参考：「パラレリズムを守る」（128ページ）

現在位置を示す

スライドの右上に、Retail/Corporate/Internetという3部門のどこを説明しているかをイラストで示しています。これにより、Overall Analysisのスライドとの対応も明確にしています。

→参考：「現在位置を示す」（68ページ）

> ### Strategies in 4Q
>
> - Alliance with the largest internet shopping mall
>
> - Campaigns at retail sales

英　語

Our plans for the fourth quarter are the further expansion of Internet sales and sales promotion campaigns, mainly at retailers. To expand sales over the Internet, we will team up with the biggest Internet shopping mall in Japan to attract more customers. At retail stores, we are planning to launch major campaigns consisting mainly of demonstrations as our new products become available on the market. We hope that this helps to get our floor space back.

日本語

　第4四半期は、インターネット通販のさらなる拡大と、小売店でのキャンペーンを中心に販売促進していく予定です。インターネット通販では、日本最大のインターネット・ショッピングモールと提携して、より多くのお客様にご利用いただける環境を整えます。また、小売店でのキャンペーンでは、新製品の発売に合わせて、店頭でのデモンストレーションを中心に、大規模

なキャンペーンを検討しております。これによって、小売店での売り場奪還を図ります。

👉 ポイント

要点から話す

まず、"Our plans for the fourth quarter are the further expansion of Internet sales and sales promotion campaigns, mainly at retailers."（第4四半期は、インターネット通販のさらなる拡大と、小売店でのキャンペーンを中心に販売促進していく予定です）と、このスライドのポイントから説明を始めています。

→参考：「要点から話す」（54ページ）

文と文を明確に接続する

「インターネット通販では、日本最大のインターネット・ショッピングモールと提携して、より多くのお客様にご利用いただける環境を整えます」のような日本語も、明確な接続の英文にします。"To expand sales over the Internet, we will team up with the biggest Internet shopping mall in Japan to attract more customers." のように、andではなく、情報に主従をつけた接続をしています。

→参考：「文と文を明確に接続する」（131ページ）

キーワードを主語にする

このスライドでは、自分たちの今後について述べているので、キーワードはweになります。したがって、weをなるべく主語に使っています。

→参考：「キーワードを主語にする」（120ページ）

Conclusion

- Sales in the 3Q of 2006 were generally strong.
  - Internet sales   high
  - Corporate sales   steady
  - Retail sales   comparatively weak
- In the 4Q
  - to further expand our Internet sales
  - to launch campaigns at retail stores

英 語

In summary, sales in the third quarter of 2006 were generally strong. Internet sales were especially high. Corporate sales were steady, while retail sales were comparatively weak. In the fourth quarter, we plan to further expand our sales over the Internet and launch campaigns at retail stores to regain market share.

日本語

まとめますと、2006年の第3四半期は、全体として好調でした。特に、インターネット通販が好調です。企業向けの売り上げも堅調ですが、小売店での売り上げはやや不調でした。第4四半期では、インターネット通販の拡大を図りつつ、小売店向けのキャンペーンを展開する予定です。

☞ ポイント

最後の強調のポジションを活用する

最後に全体を総括することで、重要なポイントを念押しします。述べたことを述べた順にまとめましょう。述べていないポイントを、ここではじめて述べてはいけません。

→参考:「要点から話す」(54ページ)

スライドを明確に接続する

プレゼンテーション全体で、スライドが明確につながっていることを確認しましょう。すべてのスライドの見出しだけを集めると、見出しだけで論理が追えるように情報をしっかり接続しています。

→参考:「スライドを明確に接続する」(63ページ)

1. Overall Analysis
2. Internet Sales
3. Corporate Sales
4. Retail Sales
5. Strategies in 4Q

パラレリズムを守る

3種類の売り上げや2つの対策がパラレリズムになっている点に気をつけましょう。

1. Internet sales were especially high.
2. Corporate sales were steady.
3. Retail sales were comparatively weak.

1. to further expand our Internet sales
2. to launch campaigns at retail stores

→参考:「パラレリズムを守る」(128ページ)

3 ソリューション提案

Solutions for Computer Security Problems

TSCS Service

プレゼンの目的：

コンピュータのセキュリティ問題のソリューションとして、自社のTSCSサービスを提案する。

全体構成：

1. 表　　　　紙：定例的な挨拶のあと、目的を述べる
2. 現　状　1：ウィルス感染について警告する
3. 現　状　2：感染した場合のインパクトを伝える
4. 問　　　　題：感染防止には時間と労力が必要なことを指摘する
5. 提　　　　案：ソリューションを提案する
6. すべきこと：お願いしたいことを述べる
7. ま　と　め：全体を総括する

英語

Good afternoon, ladies and gentlemen. Thanks for taking time out of your busy schedule to come here today. I am happy to have this opportunity to present our TSCS service as the solution to your computer security problems.

日本語

皆さん、こんにちは。お忙しい中、お集まりいただきまして、ありがとうございます。皆さんは、コンピュータのセキュリティについてお困りではないでしょうか？ 今日は、その問題を解決すべく、当社のTSCSサービスのご提案をさせていただきます。

英文法のポイント

動詞の使い方

動詞は、できるだけ辞書でその使い方を確認しましょう。特に、次の3点については確認が必要です。

- 主語は、人か、ものか、その両方か？
- 目的語を取るときの前置詞は？
- 動詞がつながるときは動名詞か、to＋不定詞か？

たとえば、上記の英文でthankという動詞なら、

- 主語は人のみ
- S V O_1 (for O_2) の形を取る
- 上記のO_2が動詞形の場合は動名詞になる。"I will thank you to 不定詞" は皮肉になる（ので使わない）

ということが辞書を見ればわかります。英語ができない人ほど辞書を引きません。辞書を引くことが英語力アップの秘訣です。

Networked Computers Are Exposed to the Threat of Viruses

- **Setting passwords doesn't fully protect computers.**
- **Computers are attacked through :**
  - security holes on the operating system
  - email attachments
  - downloaded or carried-in software

英 語

Networked computers are exposed to the threat of viruses all the time. Setting passwords doesn't fully protect computers. Your computers can be attacked through your network even though they are password-protected. For example, virus infection can occur through security holes in the operating system. Viruses can also infect your computers through e-mail attachments and downloaded or carried-in software.

日本語

　ネットワークに接続しているコンピュータは、いつもウィルスの危険にさらされています。パスワードをかけていれば十分というわけではありません。ネットワークを経由すれば、パスワードをかけているかどうかにかかわらず、ウィルスの攻撃を受けかねないのです。たとえば、ウィルスは、オペレーティングシステムのセキュリティ上の欠陥を通じて感染します。あるいは、電子メールの添付ファイルや、ダウンロードした、あるいは持ち込んだソフト

などによっても感染するのです。

👉 ポイント

要点から話す

まず、"Networked computers are exposed to the threat of viruses all the time."（ネットワークに接続しているコンピュータは、いつもウィルスの危険にさらされています）と、このスライドのポイントから説明を始めています。その後、どのように感染するのかを説明しています。

→参考：「要点から話す」（54ページ）

👉 英文法のポイント

canは「〜できる」だけではない

助動詞canを見ると、機械的に「〜できる」と訳す人がいます。しかし、canには「〜できる」の他に、可能性や推量を意味する「〜することもある」という意味もあります。たとえば、上記の英文で "Your computers can be attacked" や "virus infection can occur through security holes" は、いずれも「〜することもある」と訳した方が適切です。

多くの助動詞には、この可能性や推量の意味をもっています。ただし、その確信度が異なります。話し手の確信度はおおむね以下のようになります。

  could < might < may < can < should < ought to < would < will < must

    （『ジーニアス英和辞典（第3版）』大修館書店　を参考）

Once Infected, ...

Your company could lose the confidence of the public.

Your computer
- Could infect other computers
- Could send out thousands of spam mails in your name
- Could leak confidential information outside

英　語

Once a computer is infected with a virus, the company may lose the confidence of the public. The infected computer may spread the virus to other computers, send thousands of spam mails that appear to be coming from you, or leak confidential information outside of the company. As a result, the company may end up suffering enormous damage.

日本語

いったん、コンピュータがウィルスに感染したら、会社は社会的信用を失いかねません。感染したコンピュータは、ほかのコンピュータにウィルスをばらまいたり、あなたの名前をかたって、何千もの迷惑メールを送りつけたり、秘密情報を社外に漏洩してしまったりしかねないのです。その結果、会社に甚大な被害をもたらすかもしれません。

👉 ポイント

要点から話す

まず、"Once a computer is infected with a virus, the company may lose the confidence of the public."（いったん、コンピュータがウィルスに感染したら、会社は社会的信用を失いかねません）と、このスライドのポイントから説明を始めています。

→参考：「要点から話す」（54ページ）

正しく並列する

箇条書きが、your computerを主語にした文体で揃っています。

→参考：「正しく並列する」（60ページ）
→参考：「パラレリズムを守る」（128ページ）

👉 英文法のポイント

"appear to" と "seem to"

"appear to" は、客観的事実を述べるときに使いますが、"seem to" は、主観的な感想を述べるときにも使います。一般的には、"appear to" の方が堅い表現です。

数えられない名詞に注意

以下の名詞は、日本人の感覚からすると数えられそうな気がしますが、英語では数えられません。複数形にしたり、不定冠詞（a/an）を付けたりしないように気をつけましょう。

information, advise, equipment, furniture, baggage, luggage, hardware, software, food, news

Lots of Work to Protect Your Computers

- Run a virus-checking software
- Keep virus data up-to-date
- Update the operating system regularly
- Build firewalls
- Pay attention to password leaking
- Change all passwords periodically
- Check e-mail attachments and downloaded software

英 語

However, it takes a lot of work to protect computers from viruses. You need to run virus checking software and keep virus data up-to-date. You must update the operating system regularly to correct security defects. You must also build firewalls. You need to pay attention to password leaking and change all passwords periodically. You must check e-mail attachments and downloaded software as well. All these tasks have to be done by every employee. This adds up to an enormous cost and, frankly, it is too optimistic to expect every employee to carry out all of these tasks completely in the first place.

日本語

しかし、コンピュータをウィルスから守るためには、多くの作業が必要です。ウィルスチェックのソフトを走らせなければなりませんし、ウィルスデ

ータは絶えず最新のものに更新しなければなりません。オペレーティングシステムのセキュリティ上の欠陥を修正するために、絶えずアップデートを繰り返さなければなりません。ファイアウォールの構築も必要です。パスワードが漏れないように気をつけなければなりませんし、パスワードは定期的に変えなければなりません。電子メールの添付ファイルやダウンロードソフトのチェックも必要です。このような多くの作業を、すべての従業員がやらなければならないのです。費用もバカにはなりませんし、そもそも全従業員が、すべての作業を漏れなく実行すると考えるのは楽観的すぎます。

ポイント

要点から話す

まず、"However, it takes a lot of work to protect computers from viruses."（しかし、コンピュータをウィルスから守るためには、多くの作業が必要です）と、このスライドのポイントから説明を始めています。

→参考：「要点から話す」（54ページ）

正しく並列する

すべての箇条書きが、youを主語にした文体で揃っています。

→参考：「正しく並列する」（60ページ）
→参考：「パラレリズムを守る」（128ページ）

情報を選択する

ここでは意図して、情報を選択していません。情報を絞って記憶に残すことより、多くの情報を示すことで、いかにその作業が煩わしいかを印象付けています。

→参考：「情報を選択する」（72ページ）

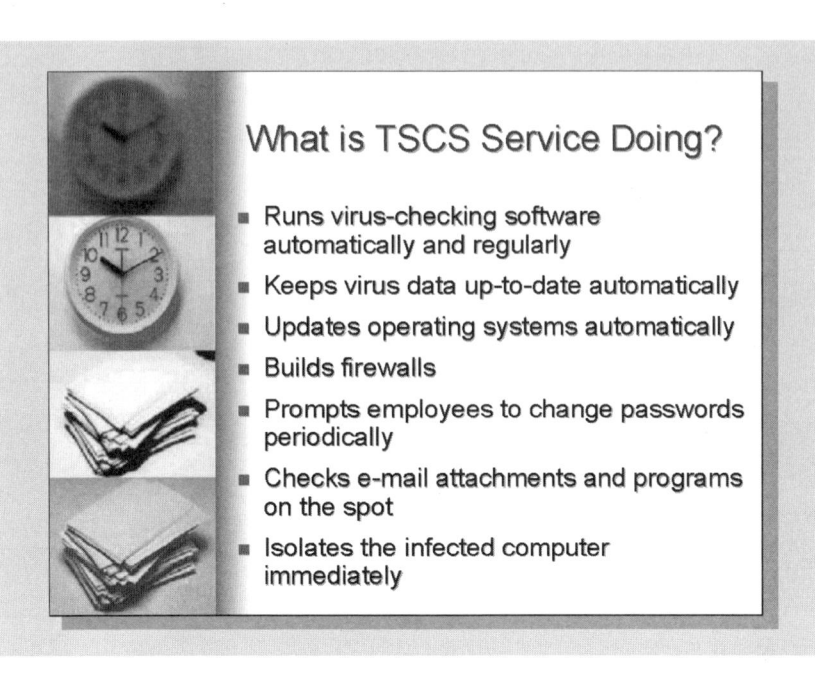

What is TSCS Service Doing?

- Runs virus-checking software automatically and regularly
- Keeps virus data up-to-date automatically
- Updates operating systems automatically
- Builds firewalls
- Prompts employees to change passwords periodically
- Checks e-mail attachments and programs on the spot
- Isolates the infected computer immediately

英 語

The solution is our TSCS service, which will take care of all the troublesome work for you. The TSCS service runs virus-checking software automatically on a regular basis, keeps virus data up-to-date, updates operating systems, and builds firewalls. The TSCS service prompts employees to change passwords periodically. The TSCS service also checks e-mail attachments and programs on the spot. If a computer contracts a virus, The TSCS service isolates the infected computer immediately.

日本語

そこで、当社のTSCSサービスが、このような面倒な作業をすべて代行いたします。TSCSサービスでは、定期的に自動でウィルスチェックのソフトを実行します。もちろん、ウィルスデータは、絶えず最新のものにアップデートします。オペレーティングシステムも絶えずアップデートします。ファ

イアウォールも構築します。また、定期的にパスワードを変更するよう促します。電子メールの添付ファイルのチェックも抜かりはありません。コンピュータがウィルスに感染したら、そのコンピュータを隔離します。

☞ ポイント

要点から話す

まず、"The solution is our TSCS service, which will take care of all the troublesome work for you."（そこで、当社のTSCSサービスが、このような面倒な作業をすべて代行いたします）と、このスライドのポイントから説明を始めています。

→参考：「要点から話す」（54ページ）

正しく並列する

すべての箇条書きが、TSCSサービスを主語にした文体で揃っています。

→参考：「正しく並列する」（60ページ）
→参考：「パラレリズムを守る」（128ページ）

スライドを明確に接続する

前のスライドと内容が対応しています。前のスライドで示した、従業員がやらなくてはならない作業と、このスライドで示している、TSCSサービスが代行してくれる作業が、おおむね一致しています。これにより、従業員のすべき作業が非常に少ないことを予測できます。

→参考：「スライドを明確に接続する」（63ページ）

キーワードを主語にする

このプレゼンテーションでは、"the TSCS service"がキーワードなので、このキーワードを箇条書きの主語に使っています。これにより、キーワードが聴衆の印象に残ります。

→参考：「キーワードを主語にする」（120ページ）

What Do You Have to Do?

Nothing!

Everything is executed through the network.

- Do not change computer settings.

英 語

So, what do employees have to do? As a matter of fact, nothing. The TSCS service executes everything through the network. Though employees don't have to do a thing, there is one thing they must not do: they should never change the settings of their computers. If someone changes the settings made by the TSCS service through the network, it can open a security hole.

日本語

では、従業員は何をしなければならないかというと、実は何もしなくてよいのです。すべてはネットワークを通じて、TSCSサービスが実行します。従業員は何もしなくてよいのですが、逆に、してはならないことが１つあります。コンピュータのセッティングを変更しないでください。TSCSサービスがネットワークを通じて変更した設定を、再度変更してしまうと、セキュリティの穴を生みかねません。

👉 ポイント

要点から話す

まず、"So, what do employees have to do? As a matter of fact, nothing."（では、従業員は何をしなければならないかというと、実は何もしなくてよいのです）と、このスライドのポイントから説明を始めています。

→参考：「要点から話す」（54ページ）

情報を選択する

ここでは極端にスライドの情報を絞っています。なるべく何も書かないことで、従業員のすべきことの少なさを印象付けています。

→参考：「情報を選択する」（72ページ）

👉 英文法のポイント

"must" と "have to"

"must" と "have to" はどちらも「〜しなければならない」という義務を表します。しかし、"must" はその義務が内的（＝自分）要因であることを示唆するのに対し、"have to" は外的（＝他の人たちや環境）要因を示唆します。たとえば、上記の英文で、"what do employees have to do?" とあるのは、「みんなに迷惑をかけないためには」という含みを持つことになります。"must" を使って「自分のために」という含みを持たせると、主観的な命令口調になります。一方、"have to" を使って「他の人たちや環境のために」という含みを持たせると、客観的な婉曲表現になります。

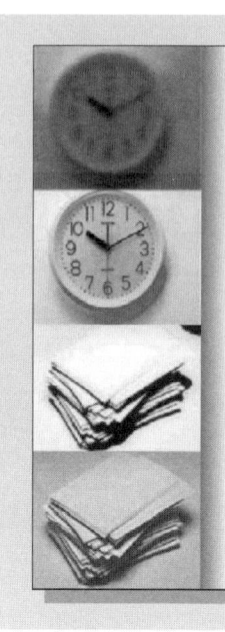

> ## Conclusion
>
> - **The TSCS service guarantees the highest level of security.**
>   - You won't be bothered with setting up and maintaining a security program.
>   - You don't have to worry about losing your company's credibility, or wasting your time.

英 語

　As you have seen, the TSCS service saves you the trouble of setting up and maintaining a security program, and guarantees the highest level of security. You don't have to worry about losing your company's creditability or waste your time on virus control. I hope you will consider introducing the TSCS service to your operations. Thank you for your attention.

日本語

　以上のように、TSCSサービスをご利用いただければ、何もすることなく、最高レベルのセキュリティが保障されます。会社の信用を失うこともなければ、ウィルス対策に無駄な時間を費やすこともありません。ぜひ、当社のTSCSサービスを導入いただけますよう、ご検討ください。ありがとうございました。

☞ **ポイント**

最後の強調のポジションを活用する

最後に全体を総括することで、重要なポイントを念押しします。述べたことを述べた順にまとめましょう。述べていないポイントを、ここではじめて述べてはいけません。

→参考:「要点から話す」(54ページ)

スライドを明確に接続する

プレゼンテーション全体で、スライドが明確につながっていることを確認しましょう。すべてのスライドの見出しだけを集めると、見出しだけで論理が追えるように情報をしっかり接続しています。

→参考:「スライドを明確に接続する」(63ページ)

1. Networked Computers Are Exposed to the Threat of Viruses
2. Once Infected, ...
3. Lots of Work to Protect Your Computers
4. What is TSCS Service Doing?
5. What Do You have to Do?

パラレリズムを守る

スライドの英文がパラレリズムになっている点に気をつけましょう。

- You won't be bothered with setting up and maintaining a security program.
- You don't have to worry about losing your company's credibility or wasting your time.

→参考:「パラレリズムを守る」(128ページ)

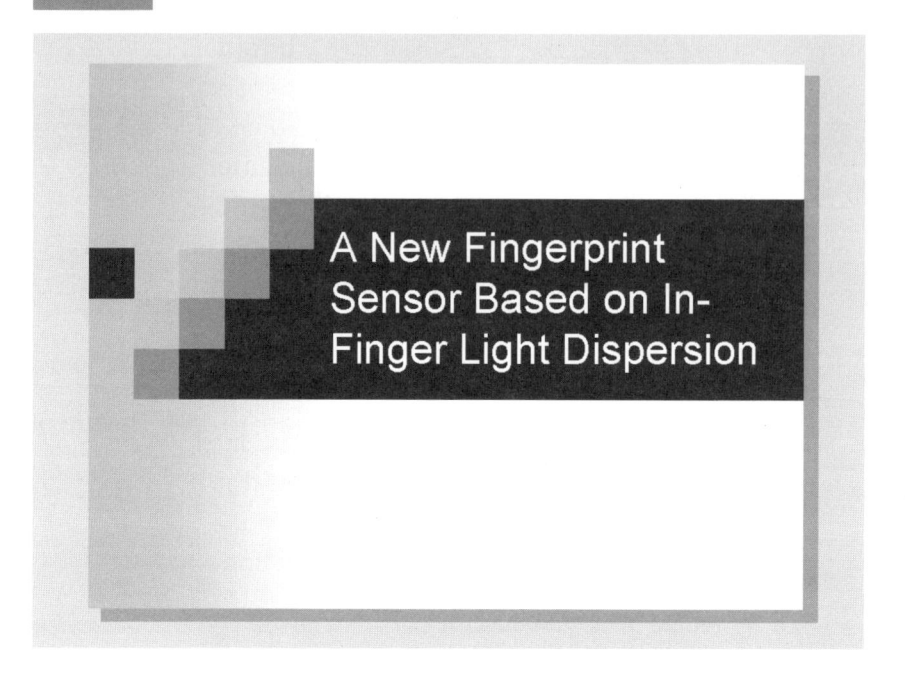

4 学会発表

A New Fingerprint Sensor Based on In-Finger Light Dispersion

プレゼンの目的：

指紋認証システム用の新型指紋センサを開発したので、学会でその成果を発表する。

全体構成：

1. 表　　　紙：定例的な挨拶のあと、目的を述べる。その後、論文の概要（アブストラクトに相当）を紹介する
2. 従 来 技 術：従来技術の原理とその特長、欠点を説明する
3. 手　　　法：本手法の原理を説明し、特長を述べる
4. 結果と考察：従来の欠点をどの程度改善したかをデータで説明する
5. ま　と　め：全体を総括する

英 語

Thank you, Mr. [or Ms] Chairperson. Greetings, everyone. My name is Masataro Suzuki, principal engineer for ABC Company. Today, I would like to tell you about our current research on fingerprint sensors, which are used in fingerprint authentication systems.

Fingerprint authentication systems are expected to become widely adopted as a means of personal identification using biometrics. However, conventional types of fingerprint sensors are expensive, inadequate in reading performance, and fragile. In our effort to overcome these problems, we have developed a new fingerprint sensor using in-finger light dispersion. The resulting fingerprint sensor is small, inexpensive, and it can read fingerprints even from dry or perspiring hands. In addition, this sensor has six times greater resistance to static electricity discharge. Implementation of this sensor will make possible the widespread adoption of fingerprint authentication systems that can be used by more people in more places.

日本語

議長、ありがとうございました。私は、ABC電機で主席エンジニアをしております鈴木正太郎と申します。本日は、現在我々が研究しております指紋認証システムにおける指紋センサについて、報告させていただきます。

現在、生体特徴による個人認証の手法として、指紋認証システムの汎用化が期待されています。しかし、従来の指紋センサには、大きく高価であったり、読み取り性能に劣っていたり、壊れやすかったりといった問題がありました。そこで、我々は、これらの問題を克服すべく、指内散乱光を利用した指紋センサを新たに開発しました。本指紋センサであれば、小型でしかも安価でありながら、従来読み取れなかった乾燥した指や汗にまみれた指の指紋も読み取れます。さらに、6倍以上の静電耐圧も有しています。本センサを使えば、より多くの人がより多くの場所で使える、指紋認証システムを実現できます。

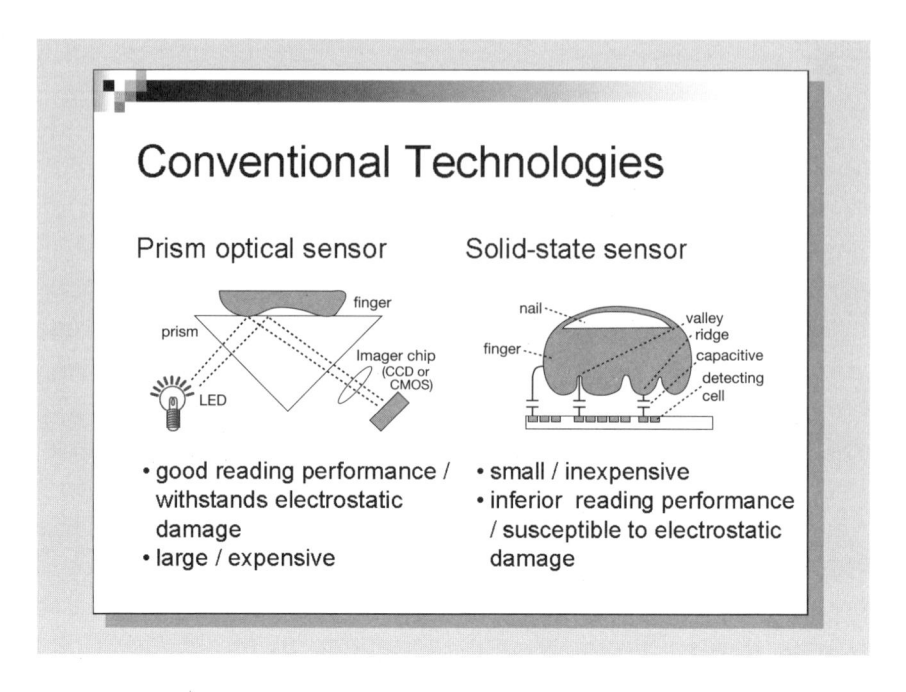

Conventional Technologies

Prism optical sensor

- good reading performance / withstands electrostatic damage
- large / expensive

Solid-state sensor

- small / inexpensive
- inferior reading performance / susceptible to electrostatic damage

---

英 語

There are two conventional types of fingerprint sensors: prism and solid-state.

With the prism type, the finger is placed on a prism. Light applied from one side of the prism is reflected and then read as light and dark features on the other side of the prism. Fingerprints have ridges and valleys. With this system, the areas under the valleys are entirely reflected and appear as light features, but ridges disperse the source light and appear as dark features. The fingerprint is read from these differences in light and dark features. This method provides comparatively good reading performance, and it withstands electrostatic damage. However, it is large and also expensive.

With the solid-state method, the finger is placed on a silicon chip, and the fingerprint is read from the different static electric capacitance generated by the ridges and valleys. This method is small and inexpensive. Reading performance is, however, inferior, and the chip is susceptible to damage from static electricity.

日本語

　従来の指紋センサには、プリズム方式と半導体方式の2方式があります。

　プリズム方式では、プリズムに指を載せ、プリズム面の別の一方から光源を当て、プリズム面のまた別の面で明暗を読み取ります。指紋の凹部分は、全反射して明るくなりますが、凸部分は乱反射して暗くなります。この明暗の差から指紋を読み取ります。この方式には、比較的読み取り性能がよく、静電破壊にも強いという特長があります。しかし、大型で高価であるという欠点もあります。

　半導体方式では、半導体の上に指を載せ、指紋の凹凸により生じる静電容量の差から指紋を読み取ります。この方式には、小型で安価であるという特長があります。しかし、読み取り性能に劣り、静電破壊にも弱いという欠点もあります。

ポイント

要点から話す

まず、"There are two conventional types of fingerprint sensors: prism and solid-state."（従来の指紋センサには、プリズム方式と半導体方式の2方式があります）と、このスライドのポイントから説明を始めています。また、2方式の説明も、原理のポイントから説明を始めています。

→参考：「要点から話す」（54ページ）

正しく並列する

従来の2方式の説明が並列しています。まず、原理を説明し、その後、特長と欠点を説明しています。

→参考：「正しく並列する」（60ページ）

情報を選択する

内容の割にスライドはシンプルに構成されています。原理図を説明する図と、

特長や欠点を示すキーワードだけです。ポイントがうまく強調できています。
→参考：「情報を選択する」(72ページ)

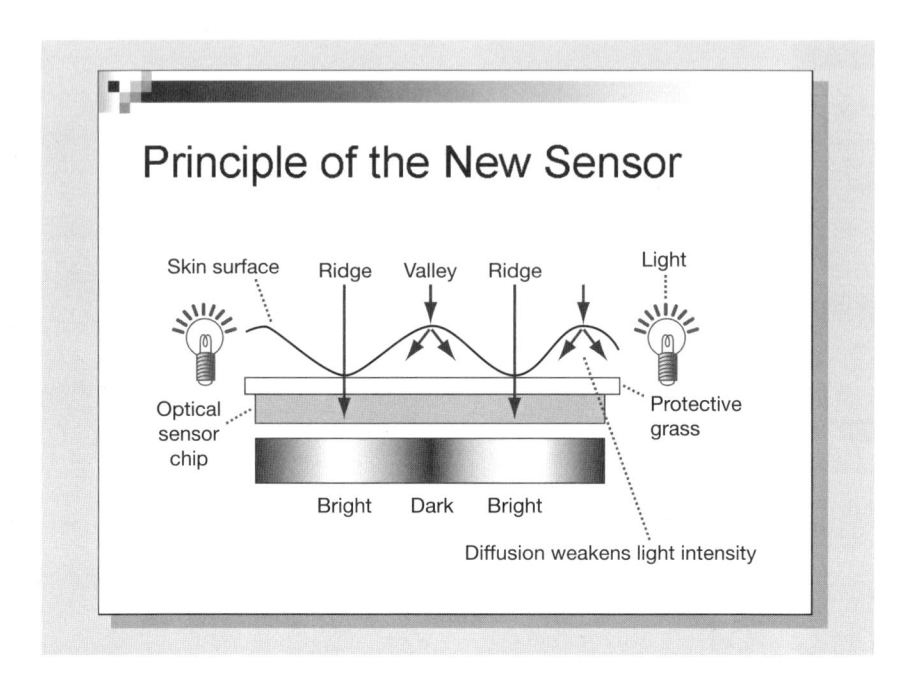

Principle of the New Sensor

Skin surface　Ridge　Valley　Ridge　　　Light

Optical sensor chip

Protective grass

Bright　Dark　Bright

Diffusion weakens light intensity

英　語

　With our newly developed method, the finger is placed on an optical sensor, and the fingerprint is read by the differences in light dispersion generated by light passing through the ridges and valleys. Light reflected by a valley is greatly dispersed because air is present between the finger and the sensor. As a result, light from a valley is detected as weaker than light reflected by a ridge. The fingerprint is read by transforming the strength of the reflected light into a light-dark scale.
　Because the number of parts is small, the practical implementation of this method not only reduces the size of the apparatus, but also decreases costs. The method also provides high reading performance that is not affected by the condition of

the finger. Resistance to electrostatic damage can be strengthened by installing a protective glass cover.

日本語

　本方式では、光学センサの上に指を載せ、指紋の凹凸により生じる光の散乱の差を読み取ります。指紋の凹部分で反射した光は、センサとの間に空気があるので大きく乱反射します。その結果、凸部分の反射光より、弱い光となって探知されます。この反射光の強さを濃淡に変換して指紋を読み取ります。

　本方式であれば、部品数が少ないので小型でしかも安価なセンサが実現できます。また、指の状態によらず高い読み取り性能を有します。さらに、保護ガラスを設けることで静電破壊にも強くできます。

ポイント

要点から話す

まず、"With our newly developed method, the finger is placed on an optical sensor, and the fingerprint is read by the differences in light dispersion generated by light passing through the ridges and valleys."（本方式では、光学センサの上に指を載せ、指紋の凹凸により生じる光の散乱の差を読み取ります）と、このスライドのポイントから説明を始めています。

→参考：「要点から話す」（54ページ）

スライドを明確に接続する

前のスライドと内容が対応しています。前のスライドで示した、従来技術の問題点のすべてを、本方式で改善できることを示しています。

→参考：「スライドを明確に接続する」（63ページ）

Results and Discussion

- **Small & Low Cost**
  - 1/3 Components
  - 1/5 Bulk
- **Good Sensitivity**

- **High ESD resistance**
  - More than 6 times

英 語

Trial manufacturing of this new fingerprint sensor confirmed that size could be kept compact, costs low, reading performance high, and resistance to electrostatic discharge strong.

The method uses approximately one-third the number of parts needed for a prism sensor. Since each part can be made thin, total volume can be reduced to one-fifth the size of a prism sensor. These factors alone result in significant cost savings.

Reading performance is also greatly improved using this method. This is especially noticeable with the problem-free reading of prints from hands that are dry or perspiring, conditions which are difficult to read with the conventional solid-state method.

In addition, electrostatic resistance is six times greater than that of the conventional prism method. Static electricity resistance for the prism method is approximately 4kV, but with our new method the resistance is more than 25kV.

日本語

　本方式の指紋センサを試作した結果、小型で安価であり、読み取り性能も高く、静電耐圧が高いことが確認できました。

　本方式では、部品点数が従来のプリズム方式に比べて約1/3で済みました。各部品も薄型化が可能なため、プリズム方式に比べて体積比で1/6に小型化できました。また、それだけ価格も大幅に下げられると期待できます。

　また、読み取り性能が大きく向上しました。特に従来の半導体方式では読み取りにくかった、乾燥した指や汗にまみれた指も問題なく読み取れました。

　さらに、静電耐圧は、従来のプリズム方式の6倍以上に向上しました。従来のプリズム方式では、静電耐圧が4kV程度でしたが、本方式では25kV以上の静電耐圧を有しています。

☞ ポイント

要点から話す

まず、"Trial manufacturing of this new fingerprint sensor confirmed that size could be kept compact, costs low, reading performance high, and resistance to electrostatic discharge strong."（本方式の指紋センサを試作した結果、小型で安価であり、読み取り性能も高く、静電耐圧が高いことが確認できました）と、このスライドのポイントから説明を始めています。

→参考：「要点から話す」（54ページ）

スライドを明確に接続する

前のスライドと内容が対応しています。前のスライドで示した、本方式の特長を、前で述べた順にデータで説明しています。

→参考：「スライドを明確に接続する」（63ページ）

Conclusion

- A new fingerprint sensor that utilizes an optical sensor for in-finger light dispersion:
    - is small and inexpensive
    - can read fingerprints of dry or perspiring hands
    - has six times the resistance to electrostatic discharge

英 語

In summary, we have developed a new fingerprint sensor that utilizes an optical sensor for in-finger light dispersion. Implementations of this fingerprint sensor are small and inexpensive, and they can read fingerprints of dry or perspiring hands, which are problematic with conventional methods. The new method also has six times the resistance to electrostatic discharge. This sensor can make possible the widespread adoption of fingerprint authentication systems for use by more people in more places.

日本語

　以上のように、指内散乱光を利用した指紋センサを新たに開発しました。本指紋センサであれば、小型でしかも安価でありながら、従来読み取れなかった乾燥した指や汗にまみれた指の指紋も読み取れます。さらに、6倍以上の静電耐圧も有しています。本センサにより、より多くの人がより多くの場

所で使える、指紋認証システムを実現できるものと期待できます。

ポイント

最後の強調のポジションを活用する

最後に全体を総括することで、重要なポイントを念押しします。述べたことを述べた順にまとめましょう。述べていないポイントを、ここではじめて述べてはいけません。

→参考：「要点から話す」（54ページ）

スライドを明確に接続する

プレゼンテーション全体で、スライドが明確につながっていることを確認しましょう。すべてのスライドの見出しだけを集めると、見出しだけで論理が追えるように情報をしっかり接続しています。

→参考：「スライドを明確に接続する」（63ページ）

1. Conventional Technologies
2. Principle of the New Sensor
3. Results and Discussion

パラレリズムを守る

スライドの英文がパラレリズムになっている点に気をつけましょう。

- is small and inexpensive
- can read fingerprints of dry or perspiring hands
- has six times the resistance to electrostatic discharge

→参考：「パラレリズムを守る」（128ページ）

キーワードを主語にする

このプレゼンテーションでは、"a new fingerprint sensor" がキーワードなので、このキーワードを箇条書きの主語に使っています。これにより、キーワードが聴衆の印象に残ります。

→参考：「キーワードを主語にする」（120ページ）

注）本プレゼンテーションは、"Fingerprint Identification", NEC Journal of Advanced Technology, Vol. 2, No. 1, Kaoru UCHIDA（http://www.nec.co.jp/techrep/en/r_and_d）を参考に作成しました。

コラム
OHPを使ったプレゼン

　最近は、PowerPointを使ったプレゼンテーションが一般的となり、OHPの出番はぐっと減りました。しかし、液晶プロジェクタがどこにでもあるわけではありません。OHPを使ったプレゼンテーションでの注意点をまとめておきましょう。

　まず、スライドを取り替える際には、次のスライドを手にしてから前のスライドを下ろしましょう。こうすると、スクリーンがホワイトアウトする時間を最小限に抑えられます。スクリーンがホワイトアウトすると、聴衆の気がそがれるので、ホワイトアウトはできるだけ避けるようにします。

　同じスライドを2度使うときは2枚用意しましょう。プレゼンテーション中にスライドを再利用しようとしてはいけません。目的のスライドが見つからずに、四苦八苦しかねません。けちけちせず、同じものを使う回数分だけ用意しましょう。

　投影し終わったスライドは、使った順に正しく並べておきましょう。Q＆Aなど、再投影しなければならないときに便利です。ぐちゃぐちゃにしておくと、「5枚目のスライドを」と聴衆に頼まれても即応できません。

　OHPシートには、できれば枠をつけるとよいでしょう。その枠にメモが書けます。忘れやすい英単語やキーワードを書いておくとよいでしょう。また、シートに指紋がつくのも防止できます。

　透明シートとマーカーも用意しておきましょう。スライドに何か書き込みたいときには、スライドに直接書き込まず、透明シートを重ねてそのシートに書き込みましょう。こうすればオリジナルのスライドをだめにせずに済むので、別の機会に再利用できます。

◇ 著者紹介

倉島 保美（くらしま・やすみ）

現在：有限会社ロジカルスキル研究所　代表取締役
1961年生まれ。東京大学工学部卒業。日本電気でLSIの設計に従事するかたわら、プレゼンテーションやライティングの指導を始める。2005年に有限会社ロジカルスキル研究所を設立。現在、企業や大学で日本語／英語のライティングや論理的思考法、ディベート、プレゼンテーションなどを指導している。雑誌への寄稿や特集の監修も多い。

著書：
『書く技術・伝える技術』あさ出版、1999年
『理系のための英語ライティング上達法』（ブルーバックス）講談社、2000年
『理系のための英語便利帳』（ブルーバックス）講談社、2003年
『論理的な文章が自動的に書ける!』日本実業出版社、2003年
『世界一わかりやすいPowerPoint』講談社、2005年

これなら説得できる! 英語プレゼンテーションの技術

2006年7月24日　1版1刷

著　者	倉島保美	
	© 2006 Yasumi Kurashima	
発行者	小林俊太	
発行所	日本経済新聞社	
	〒100-8066　東京都千代田区大手町1-9-5	
	[URL] http://www.nikkei.co.jp/	
電　話	(03) 3270-0251	
振　替	00130-7-555	
印　刷	信毎書籍印刷株式会社	
製　本	大口製本印刷株式会社	

ISBN 4-532-31291-4

本書の内容の一部または全部を無断で複写（コピー）することは、法律で定められた場合を除き、著作者および出版社の権利の侵害になります。

Printed in Japan
読後のご感想を弊社ウェブサイトにお寄せください。
http://www.nikkei-bookdirect.com/kansou.html

日本経済新聞社／プレゼンテーションの本

成功する プレゼンテーション

箱田忠昭 著

視線の動かし方、手の振り方ひとつで、相手の受け取り方は一変する。上手なプレゼンテーションのための説得力ある表現のコツをビジュアルに手ほどきする。

【目次】

第1章 ◆ プレゼンテーションの基本
第2章 ◆ 内容のまとめ方
第3章 ◆ 視覚化の技術
第4章 ◆ ボディランゲージの活用
第5章 ◆ プレゼンターの人間的側面
第6章 ◆ プレゼンテーションを成功させる

四六判並製 ◆ 200ページ
定価（1262円＋税）◆ ISBN 4-532-40011-2

http://www.nikkei-bookdirect.com/

日本経済新聞社／プレゼンテーションの本

成功する デジタル・ プレゼンテーション

箱田忠昭・松茂 幹 著

顧客への説明、社内外の会議での発表など、ビジネス人に不可欠なスキルになってきたデジタル・プレゼンテーション。企画・製作・練習・発表という流れにしたがってデジプレに必要なテクニックを解説する。

【目次】

第1章 ◆ プラン［Plan］
　　　　人を惹きつける企画の立て方

第2章 ◆ プロデュース［Produce］
　　　　あっと驚く電子スライドの作り方

第3章 ◆ プラクティス［Practice］
　　　　デジタルなプレゼンテーション訓練法

第4章 ◆ プレゼンテーション［Presentation］
　　　　聴衆を釘づけにする発表力

A5判並製 ◆ 208ページ
定価（1800円＋税）◆ ISBN 4-532-40213-1

http://www.nikkei-bookdirect.com/

日本経済新聞社／プレゼンテーションの本

日経文庫
プレゼンテーションの英語表現

デイビッド・セイン／マーク・スプーン 著

英語でのプレゼンで使う英語表現・約400例文を、プレゼンの流れに沿って紹介。詳しい目次で必要な表現が見つけやすく、ハンドブックとして活用できる。簡単な表現／知的に聞こえる表現など、バリエーション豊富に収録。

【目次】
- 第1章◆─プレゼンの準備をする（Preparation）
- 第2章◆─導入する（Introduction）
- 第3章◆─ボディの基本的進行（Body1）
- 第4章◆─ボディの応用テクニック（Body2）
- 第5章◆─結論を述べる（Conclusion）
- 第6章◆─締めくくる（Closing）
- 第7章◆─質疑応答（Q&A Session）
- 第8章◆─聞き直しと言い直し（Confirmation & Restatement）
- 第9章◆─意見の表明（Voicing Opinions）
- 第10章◆─その他のテクニック（Other Techniques）

新書判並製◆192ページ
定価（830円＋税）◆ISBN 4-532-11039-4

http://www.nikkei-bookdirect.com/